El diálogo con el inconsciente: Antonio Machado

Antoni Pascual Piqué

El diálogo con el inconsciente:
Antonio Machado

Traducción y prólogo
de Ricard Fernández Aguilà

EDICIONES OBELISCO

Colección Psicología Junguiana
EL DIÁLOGO CON EL INCONSCIENTE: ANTONIO MACHADO
Antoni Pascual Piqué

1.ª edición: febrero 2009

Título original: *Antonio Machado: el diàleg amb l'inconscient*

Traducción: *Ricard Fernández Aguilà*
Maquetación: *Mariana Muñoz*
Diseño de cubierta: *Enrique Iborra*
Corrección: *José Neira*

© 2009, Antoni Pascual Piqué
© 2009, Prólogo y Traducción, Ricard Fernández Aguilà
(Reservados todos los derechos)
© 2009, Ediciones Obelisco, S. L.
(Reservados los derechos para la presente edición)

Edita: Ediciones Obelisco S. L.
Pere IV, 78 (Edif. Pedro IV) 3.ª planta, 5.ª puerta
08005 Barcelona - España
Tel. 93 309 85 25 - Fax 93 309 85 23
E-mail: info@edicionesobelisco.com

Paracas, 59 C1275AFA Buenos Aires - Argentina
Tel. (541-14) 305 06 33 - Fax: (541-14) 304 78 20

ISBN: 978-84-9777-525-0
Depósito Legal: B-637-2009

Printed in Spain

Impreso en España en los talleres gráficos de Romanyà/Valls S.A.
Verdaguer, 1 - 08786 Capellades (Barcelona)

ANTONI PASCUAL:
EL PUNTO FINAL COMO INICIO

Una de las ideas más singulares de Antoni Pascual era su visión de la vida humana como poema. Decía que, si en otras épocas de la historia el referente había sido, por ejemplo, el caballero medieval, o en el siglo xix y en el xx el obrero, el trabajador, en nuestro tiempo el paradigma era la vida como poema. Esta afirmación había que entenderla como una invitación a descubrir en la esencia de nuestras vidas la belleza, la creatividad, como sentido básico de ellas. Pero el poema es bien sabido que no se completa hasta que se escribe su última palabra. Sólo entonces (al igual que con otras obras de arte) podemos verlo, captarlo con alguna esperanza de comprensión plena. Ciertamente esa última palabra en la existencia humana es su conclusión: la muerte y la forma en que acontezca.

Tiene esto que ver con la manera en que Antoni Pascual «descubrió» a Machado. No con sus primeras lecturas, que acaecieron mucho antes de todo esto, ya en época escolar, sino con el «encuentro» con el Machado a quien dedicaría una buena parte de su vida a comprender, estudiar e intuir, fruto de todo lo cual sería el libro que aquí se está prologando. Ésta es la historia.

A lo largo de varios meses del año 2000, visitaba yo semanalmente a Antoni Pascual y, grabadora mediante, conversábamos de manera bastante sistemática sobre los puntos fuertes en que se sustentaba su obra dispersa en cursos, conferencias, prólogos, ensayos y escritos inéditos. Cuando llegamos al apartado de Antonio Machado, de quien acababa él mismo de editar la versión original de este *El diálogo con el inconsciente: Antonio Machado*, me desveló el origen de su deslumbramiento por el poeta que conversaba «con el hombre que siempre va conmigo»:

> *Fue en Collioure, en un viaje en 1977. De repente tuve una presencia vivísima de Machado y vi que todo aquel final de su vida no había sido por azar.*

En el pequeño pueblo francés al que Machado llega en el tramo final de la Guerra Civil española, en enero de 1939, con su madre y su hermano José y la esposa de éste, huyendo de la inminente caída de Barcelona, y donde su existencia se prolongaría unas pocas semanas, Antoni Pascual halló inesperadamente el hilo de Ariadna con el que iba a poder recorrer el laberinto de la vida y de la obra de un hombre extraordinario.

> *Su historia y su destino le llevaron al mar en cumplimiento de su propia profecía escrita treinta y dos años antes* –explicaba Pascual al recordar los versos finales del «Retrato» de Machado:

> > *«Y cuando llegue el día del último viaje,*
> > *y esté al partir la nave que nunca ha de tornar,*
> > *me encontraréis a bordo, ligero de equipaje,*
> > *casi desnudo, como los hijos de la mar».*

> *Dicen las crónicas* –recordaba Antoni Pascual– *que el saco con sus últimos manuscritos quedó a un lado del camino. Sin ellos, con su dinero republicano inservible, con su madre casi agonizante, Machado era la imagen misma del despojo total que anuncia una libertad absoluta.*

Esos versos del *Retrato*, poema que es analizado de forma original en este libro, debieron de resonar constantemente en Pascual mientras deambulaba por Collioure e iba descubriendo la silueta de la pensión donde se hospedó, con una vaga semejanza a la proa de una nave; el riachuelo, que casi lamía las escaleras del mismo edificio, a punto de acabar en el mar; o la extrema pobreza del poeta, que consiguió sobrevivir por la generosidad de Madame Quintana, la dueña de la pensión a que nos referimos. Más tarde sabría que la muerte escogió para Machado el día de Santa Leonor, el nombre de su joven esposa cuya viudedad marcó vida y obra, de todo lo cual también se escribirán algunas páginas decisivas en este ensayo. En conjunto, parecía difícil haber diseñado un escenario más a la medida de la intuición poética que el autor tuvo, un día muy lejano, de lo que acabaría siendo su «último viaje».

Pero no fueron sólo estos versos del *Retrato* los que iluminaron aquella visión brevísima, pero muy intensa, que Pascual tuvo de la caída del telón en la vida de Antonio Machado, cuya significación estaba comenzando a descifrar. Es además muy conocido que al morir se halló en su pantalón un papel con el último verso que el poeta había escrito, sin duda en Collioure:

Estos días azules y este sol de la infancia.

¿Qué sentido tenía, debió de preguntarse Pascual, que aquel hombre que lo había perdido todo: la guerra, la patria, su amada Guiomar (quien había tomado años antes el camino del exilio voluntario con su familia a Portugal), la relación con su querido hermano Manuel, incorporado al bando franquista, el dinero, la maleta, la salud... al iniciar su exilio hablara de la infancia, del mar, y todo ello en aquel tono sereno, suavemente melancólico y contemplativo? Ésa fue la siguiente pista que orientó la dirección del viaje de Antoni Pascual hacia la reconstruccción biográfica y la reinterpretación de la obra de Machado, tarea que, desde aquel momento, se propuso emprender.

En los años siguientes al viaje iniciático a Collioure, Antoni Pascual remontó el curso de un río llamado Antonio Machado, desde su desembocadura, en el punto final que tuvo lugar en aquel pueblecito francés, hasta sus orígenes, biográficos y espirituales. Viajó por Soria, Segovia, Baeza, Sevilla... y se dejó acompañar, en momentos plácidos y en momentos terribles (su compañera de vida y de aquellos viajes fallecería inesperadamente tres años más tarde), por la poesía y después por la prosa de *Juan de Mairena* y después por el teatro, y en todo momento por los avatares de la vida de Antonio Machado. Los momentos decisivos del poeta cada vez se le presentaban más como parte del proceso de curación y de encuentro con la propia sabiduría del ser humano, y no como hechos deslavazados y casuales que se acumularan sin ton ni son en la biografía de un estoico, tal como a veces se le ha querido presentar. Machado no era sólo un gran poeta y un buen hombre, sino mucho más: era un maestro que podía acompañar y alumbrar en la inevitable oscuridad que tarde o temprano suele atraparnos a todos.

Creo que las personas vivimos más de presencias que de ideas. Entonces poder entrar en la vida de otras personas, acogiéndolas y sintiéndote acogido por ellas (esto es una experiencia posterior), es importante. Creo que nos han sido dadas una serie de presencias y de compañías entre vivos y muertos, y a los que somos más o menos amantes de la lectura, esto nos llega a través de los libros, aunque de otros que no han escrito nada también nos llegan.

Al penetrar en la vida de otro, penetras en la tuya. Y sin un cierto sentido de la tuya, no puedes llegar a tener un cierto sentido de la del otro –concluía Pascual al hacer referencia a su tarea como biógrafo.

El poeta Félix Grande, en un artículo publicado al cumplirse los 50 años de la muerte de Machado, decía: «Debemos ser humildes. Debemos proclamar que no sabemos, que verdaderamente no sabemos en qué consistió la grandeza minuciosa del aquel hombre sencillo». Antoni Pascual, con humildad, paciencia y admiración, fue escribiendo y explicando en sus cursos, durante más de veinte años, este *El diálogo con el inconsciente: Antonio Machado*, una expedición literaria hacia la luz que desprende la obra machadiana.

Pero no fue éste el único proyecto biográfico de Antoni Pascual. Rilke, Oscar Wilde, Victor Hugo, Herman Melville, Màrius Torres... Pascual dedicó gran parte de su vida a esta variante de las biografías, «retratos biográficos» les llamaba, estudios breves en extensión pero densos en observaciones y conexiones entre vida y obra. La empatía con el autor era esencial:

Ver un autor es sentirlo, captar su esencia. Es un momento muy inefable: es captar el misterio del otro, el perfume del otro. O crees haberlo captado. Pero no lo dudo. Es una experiencia que tiene un sabor especial. Una vez ha ocurrido esto, puedo comenzar la biografía. Entonces aquella intuición es como el punto de cristalización. Es esta figura la que ordena las anécdotas y los datos. Las más significativas son para mí las frustraciones y las casualidades.

El «perfume» de sus autores era la capacidad de inspirar a quien a ellos se acercaba. Y el «misterio» de sus autores era el proceso único e irrepetible de vida y obra para acabar trayendo al mundo unas cuantas palabras que ayudaran a sanar las heridas del ser humano. A explicar esas vidas se dedicó Antoni Pascual, y tenía sus motivos. En un texto introductorio a uno de sus cursos sobre Machado planteaba así la cuestión:

> *Quizá nuestro problema fundamental, tanto a nivel individual como colectivo, resida en la diferencia básica entre lo que creemos ser y lo que en realidad somos. Cuando las tradiciones espirituales nos aseguran, dígase como se diga, que el ser humano es un potencial infinito de felicidad incondicional, de creatividad, lucidez y energía, difícilmente uno se puede reconocer en esa descripción. Fácilmente puede caer en la tentación de creer que eso no es para él: el tedio, la monotonía, la caída y recaída en los mismos errores, la inseguridad, la preocupación, la angustia, el miedo y, al fin, el desastre parecen ser el patrimonio casi común, aquel mal de muchos, de la condición humana, cuando uno lo aborda con lucidez y sin anestesia; algo, en definitiva, que no tendría que ser, pero que es.*

> *Sin embargo, el paso de lo que creemos ser a lo que en realidad, originalmente, somos, es posible. Es posible remontar hacia la propia fuente y reemprender de nuevo el camino. Se necesita, es verdad, la mediación del inconsciente y la recuperación de lo reprimido. Se requieren también maestros que sean a la vez luz y fuerza para el camino, al tiempo que testigos en carne propia de su posibilidad y realidad.*

Y Machado era un claro ejemplo de ese maestro de vida, envuelto en ropajes de excelso poeta, a que se refería nuestro autor. Y el diálogo con el inconsciente, un ejemplo de lo cual se despliega en este viaje a Machado, camino esencial para vislumbrar lo que realmente somos.

En este punto hay que precisar que inconsciente, para Pascual, era bastante más que todo aquello que se esconde en el sótano de nuestra mente y que intempestivamente puede aparecer en sueños, compulsiones o actos fallidos.

El inconsciente no es sólo el lugar de lo reprimido, de lo «ya-no-consciente», antro de diablos y monstruos, sino también de lo «aún-no-consciente», un manantial de creación, sobrevivencia e inspiración...

El inconsciente sería el lugar en que «recuerda» el ser humano, tal como Fray Luis de León ya dejó dicho tras escuchar la «música extremada» de su amigo el músico Salinas:

el alma que en olvido está sumida
torna a cobrar el tino
y memoria perdida
de su origen primera esclarecida.

Un origen, «lo más hondo» lo llamará Pascual, que es «música, belleza, dulzura, poesía, calor, canción», en palabras también suyas. Esta versión del inconsciente, por tanto, va más allá del ego, y por ahí aparece la figura de Jung, cuya singular «conexión» con Machado se apunta en este libro. Antoni Pascual lo dejó anotado así en unos papeles inéditos:

El yo que creemos ser no es real: contrapuesto y sepa-rado de todo es un grano de arena atemorizado y frus-trado en medio del universo que lo aplasta. La insegu-ridad, el orgullo, demostrar que es algo, la vergüenza, la angustia, la depresión, son su patrimonio.

El ser humano despega del ego cerrado sobre sí mis-mo cuando se abre a la inspiración, a la intuición que brota de lo más hondo y que da testimonio de sí por su progresiva claridad, energía, suavidad, discreción.

El descubrimiento de cuanto soy pero aún no sé lo hace en este libro reordenando la lectura de la obra de Antonio Machado a partir de una serie de «lugares» clave del viaje interior de cualquier ser humano: los sueños, el sueño despierto, las frustraciones, la existencia como proceso de curación... y, sin duda en puesto de honor, el azar, que no es tal si lo entendemos como casualidad sin sentido alguno, sino que revela, al mirarlo con atención a lo largo de cualquier biografía, conexiones sorprendentes, sentidos escondidos.

Da doble luz a tu verso
para ser leído de frente
y al sesgo.

Con esta advertencia machadiana, Antoni Pascual recorre la vida y las palabras del poeta y nos devuelve una original reconstrucción de aquella existencia que amaneció un 26 de julio de 1875 en una ciudad con río, «mi infancia son recuerdos de un patio de Sevilla», y desembocó, no por azar, junto al mar y con un cierre poético también significativo y circular: «...y este sol de la infancia». Hay atrevimiento, pero también delicadeza, en la interpretación de tantos hechos fundamentales en la biografía del poeta de *Campos de Castilla*. Nos gustaría saber probablemente, al ir acabando la lectura del libro, con qué gesto escucharía don Antonio la historia que Antoni Pascual le ha ido explicando su propia historia iluminada con «doble luz» y mucha dedicación, mientras la escribía para nosotros. Sus últimas páginas se llenan de un reiterado «No por azar...» que, aplicado a uno mismo (como propone el autor en el apartado final titulado «Terapia autobiográfica»), nos llevarían a un entendimiento tal vez muy distinto, y revitalizante, de nuestra historia personal. Ésta sería, creo poder afirmar, la mejor consecuencia de este breve ensayo: que la inspiración de Antonio Machado alcanzara al lector a través del puente que otro Antonio construyó con tal esperanza, y que fecundara en nosotros una comprensión mayor del propio viaje, plena de sosiego y nueva luz.

Aspecto clave de ello es también el asalto a nuestras vidas de la frustración, que en el extremo puede llegar a convertirse en puro absurdo, puro y doloroso absurdo. En casi todos sus «retratos biográficos», y éste no es una excepción, Pascual lo trató detenidamente:

Nietzsche fue devorado por la ballena del absurdo: una ceguera progresiva le impedía ejercer su oficio de filólogo. Se entregó a ella. La aceptó. Ella le liberó de los libros. Le abrió el alma y el pensamiento. Dejó de leer a otros. Se leyó a sí mismo. Le liberó para su tarea. Él mismo lo confiesa agradecido.

Oscar Wilde fue tragado por el absurdo mortal de la cárcel. No huyó. No pataleó. Lo aceptó todo. Se le abrieron las paredes del espíritu. Descubrió el placer por primera vez. «En la cárcel de Reading fui feliz.»

Antonio Machado fue devorado por la muerte de Leonor. Se le partió en dos el alma. Anduvo como un fantasma solitario por los campos de Baeza. Pero miró a la muerte de frente. Y, al fin, de tanto contemplarla, su corazón se transformó, sintió la viva presencia de Leonor «una mañana serena». Se impregnó de dulzura.

Mirar el absurdo de frente. Dejar que obre en nosotros con toda su carga de dolor. Dejar que excave la mina cegada del alma. Al fin aparece la luz, si tenemos paciencia. No hay que «darle un sentido» al absurdo, sino esperar a que el sentido aparezca.

A pesar de toda la capacidad de resistencia y de persistencia que se desprenden de estas consideraciones, Pascual no ignoraba lo dura que puede llegar a resultar la vida y la enorme dificultad para sobreponerse en ciertas circunstancias. Y seguía con un inmenso respeto el proceso de maduración de cada uno, tan distinto, tan propio, tan irrepetible, con momentos brillantes, con debilidades, con lentitudes tal vez exasperantes, que él solía contemplar con mucha discreción y prudencia. Porque de lo que se trataba, en definitiva, era de enriquecer la experiencia de nuestra propia vida. Y cada uno tenía que encontrar su manera, su «camino», ese que en el cantar machadiano sólo «se hace al andar».

Y como «nuestras vidas son los ríos que van a dar en la mar» y todos los ríos discurren, ya con calma, ya con afán, en busca de esa culminación, la vida de Antoni Pascual (1941-2001) alcanzó también la desembocadura y tuvo su Collioure, su escenario propio.

Explicaba al principio de este prólogo que en al año 2000 le visitaba y grabábamos una larga entrevista por partes. Su enfermedad le había sido diagnosticada un 4 de diciembre (aniversario del nacimiento de Rilke, otro de sus biografiados y faros de toda su obra) y en aquel entonces no salía ya de casa, aunque sí se veía con ánimo de conversar dosificadamente. Apareció en aquellos días este libro (*Antonio Machado: el diàleg amb l'inconscient*, en su versión original), y su prólogo, del mismo Antoni Pascual, llevaba la fecha de 4 de abril del 2000. Un año después, exactamente el 4 de abril del 2001, lo enterrábamos, y oíamos una canción del grupo Alameda que él había escuchado repetidamente en su convalecencia final y que«no por azar» debía de llevar por título *«Aire cálido de abril.»*

«El azar no es más que un exceso de sentido», dejó dicho María Zambrano, cuyo padre, por cierto, había sido gran amigo de Machado. Y a encontrar sentido dedicó su inteligencia y su corazón Antoni Pascual, quien se había pasado gran parte de la vida hablando en cursos y conferencias, y que en sus dos últimos años se fue sumergiendo en un hondo mar de silencio.

El ser humano es silencio, palabra y acción. Normalmente las vidas se frustran porque les falta el silencio.

Ese silencio que permite oír lo que sabemos, aunque esté casi olvidado; que permite atisbar lo que somos realmente; que tal vez nos anticipa un vislumbre de belleza y de amparo al final del viaje. Con las palabras de este libro (y de otros dos, dedicados a Rilke y al poeta Màrius Torres) y con su silencio creciente, puso nuestro autor su punto final. El punto final de un poema llamado Antoni Pascual, uno de cuyos frutos últimos fue este texto con el que tal vez pueda usted iniciar un nuevo encuentro con Antonio Machado e, inseparablemente, también con Antoni Pascual.

Ricard Fernández Aguilà

*Leyendo un claro día
mis bien amados versos,
he visto en el profundo
espejo de mis sueños
que una verdad divina
temblando está de miedo,
y es una flor que quiere
echar su aroma al viento.*

ANTONIO MACHADO

Converso con el hombre que siempre va conmigo.

ANTONIO MACHADO

*Para dialogar,
preguntad primero;
después... escuchad.*

ANTONIO MACHADO

INTRODUCCIÓN

Maestro del pueblo

Para la dictadura franquista fue *el poeta recuperado*. La resistencia franquista lo convirtió en *poeta del pueblo*. Pero hoy en día ya sabemos que Machado continúa siendo un milagro.

La historia ha cambiado mucho, pero su vida y su obra aún suscitan una misteriosa ternura y un constante magisterio. En un país que vive de espaldas al libro, sus poemas se reeditan año tras año. Cuando se conmemoró el cincuenta aniversario de su muerte (1989), la edición crítica de sus obras completas, cuatro densos volúmenes de casi tres mil páginas, tuvo que reimprimirse dos veces en pocos meses. En el futuro se le considerará, sí, como una gran poeta y un gran prosista, pero sobre todo —sobre todo— como un gran maestro en el difícil arte de vivir, como un médico del espíritu que se curó a sí mismo del aislamiento, del absurdo, de la inconsciencia, de la angustia, de la inautenticidad, del miedo visceral a la muerte. Machado es para nosotros *maestro*, tal vez llamado a ser médico de aquello que en todos y cada uno es *pueblo*, exactamente lo contrario de «número» o «masa».

Machado, tanto en su vida como en su obra, es testigo de la realidad radicalmente nueva, bella, poética, una, que brota cuando la conciencia humana se abre a sus raíces inconscientes hasta llegar, a través del laberinto y de la «conciencia vigilante», a aquella «conciencia integral», que es conciencia de ser: inmensidad íntima, intimidad inmensa. El *poeta del pueblo* se ha convertido para nosotros en *maestro del pueblo*.

No es simple azar, sino una coincidencia muy significativa, que su obra se halle enmarcada entre dos fechas altamente reveladoras: 1898, el año de su primer poema, coincidió con el aparente desastre de la pérdida de Cuba y del imperio colonial español. 1939, fecha de su último verso frente al mar y de su muerte en Colliure, fue el año del final de nuestra contienda civil. De esta manera, el período más sombrío y enfermo de la historia peninsular desde Felipe III, contiene todo un camino, toda una lírica epopeya de la salud y de la belleza, un rayo de luz en el interior de una noche muy oscura.

Tampoco fue una casualidad que el centenario del nacimiento de Machado coincidiera con la muerte del dictador que le obligó a huir de España, situación ciertamente simbólica, que nos muestra dos figuras de conciencia. Esta muerte, a nivel de superficie, de historia, y aquel centenario de un nacimiento, a nivel profundo, a nivel de la intrahistoria, marcaron una nueva etapa para este país tan dolorosamente nuestro. Curiosamente el cincuentenario de la muerte del poeta coincidió con el centenario del nacimiento de otro dictador: Adolf Hitler (1889). Dictadores y poetas —cuando uno «nace», el otro «muere», nos dice el azar— son figuras arquetípicas y totalmente contrastadas —blanco sobre negro— de una elección que siempre nos es posible: por un lado, la del que se empeña en imponer la voluntad del yo, un enano, sobre la energía y las intuiciones de lo profundo, que es un gigante;[1] por otro, la de quien, en un servicio supremo, se sitúa en aquella línea fronteriza, abismal, donde el inconsciente

---

1. La imagen es de Emerson. Según el filósofo norteamericano, el ser humano, en su condición actual, «es el enano de sí mismo». Nietzsche retoma esta imagen en un fragmento de *Así habló Zaratustra*: «Aún luchamos paso a paso con el azar gigantesco, y sobre toda la humanidad no ha reinado nada que no fuera el absurdo».

profundo quiere abrirse paso hacia la conciencia en forma de reorientación, curación y creación, es decir, el poeta.

El azar lo señala. Como si nos interrogara también a propósito de Machado: ¿dónde está realmente el poder? ¿Por dónde pasa el futuro? ¿Por el dictador o por el poeta? Aparentemente, así lo cuentan los libros de historia, por los primeros. (Los segundos quedan arrinconados en los manuales de literatura.) Pero pasan los años y los dictadores se ven condenados al olvido y a un pasado... que ha pasado. Los segundos, en cambio, de apariencia débil y sin futuro, son recordados con ternura y presencia; en realidad, pertenecían y pertenecen al futuro. Aún hoy, en la tumba de Machado hay un buzón en el que se reciben no pocas cartas, como alguna que tuve en mis manos y que comenzaba: «Querido don Antonio: como ve hemos estado en Soria (...)», y que acababa: «Muchos saludos a usted y a su señora madre».

La convergencia con Jung

Tampoco fue una casualidad que su nacimiento y su final coincidieran con el nacimiento de Jung (ambos del mismo día, mes y año: 26 de julio de 1875) y con la muerte de Freud (1939): Machado, con sus poemas como instrumentos de conocimiento, es uno de los descubridores y exploradores del inconsciente y de su relación, negada, conflictiva, reconciliada por último, con la conciencia. Al reflexionar sobre su camino y sobre su posible teatro como espejo de la existencia, Machado escribió:

Agotado ya, por el diálogo, el monólogo y el aparte, cuanto el personaje dramático sabe de sí mismo, el total contenido de su conciencia clara, comienza lo que pudiéramos llamar «táctica oblicua del comediógrafo», para sugerir cuanto carece de expresión directa, algo realmente profundo y original, el fondo inconsciente o subconsciente de donde surgen los impulsos creadores de la conciencia y de la acción, la fuerza cósmica que es, en última instancia, el motor dramático... (Juan de Mairena I, c. XX.)[2]

Después de muchos años de estudiar tanto a Jung, descubridor del inconsciente colectivo, como a Machado, quienes no se conocieron ni en vida ni en obra, he llegado a una sorprendente, pero demostrable, conclusión: la obra de Machado es la poética de Jung; la obra de Jung es, en esencial convergencia, la psicología de Machado. Y cuando dos creadores, que no se conocen, dicen lo mismo, parece que una nueva época desde el punto de vista del inconsciente, de la intrahistoria, ha comenzado. El testimonio idéntico y mutuamente independiente de dos testigos, según el derecho judío, no engaña, confirma aquello que es real. De esta manera el inconsciente, con su propio estilo, ha dado testimonio, a través del discreto azar y, a menudo, de clamorosas frustraciones en forma de crisis colectivas, de su presencia y operatividad.

Esta época está marcada por la aparición de un nuevo centro del ser humano, mucho más allá del «yo» impregnado del sentimiento de separación de todo y de todos, que pugna por ser como todos, y que, extraviado, pretende relacionarse con el Todo a través de la identificación con las instituciones sociales y/o religiosas, haciéndolas suyas a toda costa, no sin sacrificio ni, posiblemente, mutilación:

2. De ahora en adelante PC se refiere al libro *Poesías Completas*, ed. Selecciones Austral, y JM se refiere a *Juan de Mairena*. Hay de éste varias ediciones (Austral, Cátedra, Losada...). Poesías sueltas se halla en la edición de Oreste Macrí «Poesía y prosa», Tomo II, de ed. Espasa-Calpe.

No extrañéis, dulces amigos,
que esté mi frente arrugada;
yo vivo en paz con los hombres
y en guerra con mis entrañas. (PC CXXXVI, XXIII)

En la nueva conciencia, en cambio, cada individuo tiene acceso directo al corazón luminoso y energético del Todo —aquel tesoro escondido de las parábolas evangélicas—, que no se halla fuera, sino en el centro profundo, invisible, siempre presente. Si bien se mira, no puede ser otro el fundamento de la democracia, cuando la palabra, que viene del griego «demos» (democracia, es decir, «poder del pueblo»), expresa precisamente lo que quiere decir, «pueblo» y no «masa»: la autoridad no se transmite de «Dios» al monarca, sino que proviene del «Dios» situado en el centro mismo de cada miembro del pueblo, el cual elige al gobernante y le delega por un tiempo limitado su poder.

Seguramente aquí se encuentra la raíz y el sentido último de la crisis actual de la que había sido religión colectiva en nuestro país: para la institución eclesiástica, el Principio, el Origen, «Dios», se halla en lo alto de una larga escala jerárquica, muy alejado del individuo, quien se relaciona con «Él» por la obediencia a la autoridad del «magisterio», tanto en lo referente a la doctrina como, sobre todo (que es lo que de verdad interesa), en lo referente a la moral: una moral llena de claves propias de épocas y culturas, en modo alguno universal.

En cambio, en el nuevo nivel de conciencia, en su dinámica evolutiva, vislumbrada en medio de muchos pequeños o grandes terremotos, «Dios» quiere relacionarse, quizá hasta encarnarse, con el individuo concreto de una manera exclusiva. El individuo recibe de «Él», experimentalmente, inspiración y energía para afrontar los retos de la vida y de «Él» recibe la vida misma, en el límite, como conciencia absoluta, energía infinita y gozo incondicional. Energía, conciencia y gozo que son para él, sólo para él, en su especificidad única, pero que se comporta como la levadura en la masa, con el fin de que el conjunto se transforme en pan que alimente. Machado lo explicó con gracia y símbolo al recordar un hecho de su infancia; el niño en Machado, tendremos que recordarlo más de una vez, es el maestro del adulto:

> *El acontecimiento más importante de mi historia es el que voy a contaros. Era yo muy niño y caminaba con mi madre, llevando una caña dulce en la mano (...) No lejos de mí caminaba otra madre con otro niño, portador, a su vez, de otra caña dulce. Yo estaba muy seguro de que la mía era mayor, ¡oh, tan seguro! No obstante, pregunté a mi madre –porque los niños buscan confirmación aun de sus propias evidencias–: «La mía es mayor, ¿verdad?» «No, hijo mío –me contestó mi madre–. ¿Dónde tienes los ojos?» He aquí lo que yo he seguido preguntándome toda mi vida (...) Todo lo que soy, bueno o malo, lo debo al recuerdo de mi caña dulce. (JM I c. XLVI)*

Esta exclusividad, este mirar tan sólo la propia «caña dulce», le vinculan progresiva y solidariamente al Todo y a todos *desde el centro* (nadie queda excluido), sin mutilación ni sacrificio, en plenitud, en camino hacia una mayor plenitud.

No, ni el monarca ni el Papa, en sus funciones de gobierno, son mediadores (lo fueron, tal vez, en un determinado nivel inferior de la conciencia). Al fin y al cabo, su servicio, quizá necesario, sólo puede consistir en ser espejos o, mejor, pantallas –«el rey reina, pero no gobierna»– que recuerden y reciban la proyección de aquella suprema autoridad que anida en el centro de cada hombre y mujer que vienen a este mundo, en quienes habita profundamente y demasiado a menudo sólo en estado potencial. «Nadie es más que nadie», escuchó un día Machado de labios de un viejo pastor soriano, proverbio que comentó así: «Por mucho que valga un hombre, no tiene valor más alto que el de ser hombre». Repetidamente lo recordó nuestro poeta, republicano no sólo por inclinaciones políticas, sino por coherencia espiritual.

Iniciación... al propio Misterio

El paso de una época a otra, de un nivel de conciencia a otro, no se realiza sin iniciación a través de las mil situaciones y laberintos de cada vida humana; un proceso estrictamente individual y propio para cada uno de los que se sienten llamados por una exigencia interior (que puede manifestarse mediante un gran malestar en la situación presente –si no lo hicieran, enfermarían) a subir un nuevo peldaño en la escala evolutiva de la conciencia humana, siguiendo las propias iniciativas y bajo su responsabilidad.

Y si esto es verdad, también lo es que no hay iniciación sin maestro iniciático, estrictamente individual, en quien confía aquel que se inicia, porque se siente por él bien conocido. Machado –igual que Rilke y Màrius Torres–,[3] a través del proceso de su vida, a través de la comunicación de su obra, es este

---

3. El presente ensayo guarda estrecha relación con otros dos que Antoni Pascual dedicó a los poetas Rainer Maria Rilke y Màrius Torres. Están los tres publicados en un solo volumen con el título de *Tres poetes, tres mestres*, Abadia editors. (*N. del T.*)

maestro para algunos, quizá para muchos, que le son contemporáneos y viven en la misma tierra, sometida a los mismos hechos históricos —no en vano fue un viajero que recorrió todas las tierras de esta península— hasta morir, profesor de una lengua extraña y extranjera, en el exilio frente al mar de sus sueños. El «poeta recuperado», el «poeta del pueblo», se ha convertido para muchos en «padre y maestro mágico»,[4] iniciador del pueblo, de aquello que en cada uno es «pueblo», saliéndose, y por ello mismo salvándose, de la «masa».

4. Aludo al calificativo que dio a Machado un poeta contemporáneo, Félix Grande. Era el título de unas páginas inspiradas que este poeta publicó, hace unos años, en la revista *Ínsula* (n.º 43, febrero-marzo 1989).

I. EL INICIO DE UN CAMINO:
«Pura fe en el morir»

Machado nació el mismo año que Rilke y Thomas Mann, y el mismo día, onomástica de su madre (26 de julio de 1875), que Jung, intérprete genial de los sueños y descubridor del proceso de individuación. El lugar fue el Palacio de las Dueñas, en la misma ciudad en que nació otro gran creador de paisajes y retratos, Diego Velázquez, testigo de excepción de la primera decadencia española.[5] Le precedió un suceso sorprendente: dos delfines «equivocando su camino y a favor de la marea se adentraron por el Guadalquivir». Aparecieron en Sevilla. Mucha gente acudió a presenciar el fenómeno y allí, posiblemente en el puente de Triana, se conocieron sus padres. Así lo explicó el mismo poeta.

Pocos años después de aquel incidente, Machado abrió los ojos para contemplar la primera luz de este mundo en un claustro gótico, mudéjar y plateresco, animado por la canción del agua, el vivo rumor de una fuente. Le precedió Manuel y le siguieron José, Joaquín, Francisco y Cipriana, todos ellos hijos de un abogado y folklorista, muy cultivado, pero sin suerte ni

---

5. Velázquez, como Machado, oriundo de Portugal –da Silva– nació (1599) el mismo año que Felipe III se casaba y dejaba el gobierno de la nación en manos de un valido. Dos meses antes de morir, en calidad de aposentador de palacio, tuvo que preparar la tienda del encuentro en la isla de «Los Faisanes», en el Bidasoa. Allí Felipe IV entregaría a su hija como esposa de Luis XIV de Francia. Sucedió el 6 de junio, aniversario del bautizo de Velázquez. Dos meses después, el 6 de agosto, moría en su casa. Su vida queda, por tanto, muy enmarcada por esta primera decadencia española.

fortuna, y de una pintora aficionada y pastelera de oficio, hija del barrio popular de Triana.

Tres años duró su paraíso infantil. Después, Antonio abandonó el primer nido para revolotear por Sevilla, a la que pronto descubriría como la ciudad también de Gustavo Adolfo Bécquer. A los ocho años, a él, a quien por encima de todo le gustaba jugar a capitán de buque mercante, su padre lo llevó a Huelva, al mismo lugar desde donde Cristóbal Colón partió el 3 de agosto de 1492 para descubrir y verificar la redondez de la Tierra, a saludar al mar por primera vez. Inmediatamente marchó a Madrid para ponerse en manos de la Institución Libre de Enseñanza, dirigida entonces por Giner de los Ríos.

A una infancia plena de experiencias y descubrimientos, que abominaba de todo cuanto fuera académico, le siguió un bachillerato acabado a los veinticinco años y el desarraigo bohemio y etílico de los «tablaos», teatros y tertulias del Madrid antiguo, acompañado, eso sí, por la lectura casi diaria, fervorosa y completa de Lope en la Biblioteca Nacional.

Siguiendo la lección y el ejemplo de Manuel, el hermano mayor, opuso a la amargura estoica y resignada ante la vida, incapaz de saborearla, el talante de un Epicuro a la española. En suma, y tal como decía el dogma de los modernistas de la época, la vida era rotundamente finita, sin trascendencia ni más allá, y únicamente a través del placer entregaba sus éxtasis y secretos. La vida, así lo cantaba Manuel, era tan sólo un cigarrillo que unos, los distraídos o dormidos, consumen deprisa, y que otros, los lúcidos y despiertos, saborean poco a poco, voluptuoamente, para acabar todos, eso sí, en medio de humo y ceniza, en el cenicero:

La vida es un cigarrillo
–humo, ceniza y candela.
Unos lo fuman deprisa
y otros lo saborean.

El desastre del 1898 coincidió con los dos hermanos en Sevilla. Manuel, el autor de estos versos que acabamos de recordar, quería visitar a su prometida, Eulalia Cáceres; Antonio deseaba revivir los recuerdos de infancia y volver a sentir el lugar donde nació y vivió, el Palacio de las Dueñas. Pero no encontró las puertas abiertas. Fue entonces, muy posiblemente, cuando se manifestó su vocación poética, que continuó en París como traductor y redactor de la editorial Garnier. Se hospedó en el Hotel Medicis de la calle Monsieur le Prince, donde probablemente había muerto Paul Verlaine, cerca del parque de Luxemburgo.

Misteriosas causas, como podrían ser una íntima evolución, el contacto con los simbolistas franceses, el trato con el gran Oscar Wilde, anteriormente profeta del hedonismo estético, que en la cárcel de Reading había descubierto la fecundidad del dolor y la hondura del alma, origen de aquella espléndida y larguísima carta que es *In carcere et in vinculis*,[6] le provocaron el descubrimiento de la profundidad:

... Yo he visto mi alma en sueños,
como un estrecho y largo
corredor tenebroso,
de fondo iluminado (...) (PC. Poesías sueltas XX)

---

6. Más conocida como *De profundis*. Antoni Pascual escribió un ensayo sobre esta obra decisiva de Oscar Wilde titulado *Más allá de la comedia y la tragedia*. (*N. del T.*).

Así se inició un secreto debate, uno de los hilos ocultos de sus primeros libros, con su querido hermano y con la actitud vital que éste representaba:

> *¿Y ha de morir contigo el mundo mago*
> *donde guarda el recuerdo*
> *los hálitos más puros de la vida,*
> *la blanca sombra del amor primero,*
> *la voz que fue a tu corazón, la mano*
> *que tú querías retener en sueños,*
> *y todos los amores*
> *que llegaron al alma, al hondo cielo?*
> *¿Y ha de morir contigo el mundo tuyo,*
> *la vieja vida en orden tuyo y nuevo?*
> *¿Los yunques y crisoles de tu alma*
> *trabajan para el polvo y para el viento?* (PC LXXVIII)

Aún no hay certeza alguna —«un golpe de ataúd en tierra/es algo perfectamente serio»— y sí muchas preguntas. Hay, no obstante, un presentimiento y una intuición; hay una voluntad de descubrimiento, «de abrir con una diminuta llave/el ventanal del fondo que da a la mar sombría». Con todo, las viejas evidencias epicúreas y modernistas sufren una afilada crítica:

> *Yo, como Anacreonte,*
> *quiero cantar, reír y echar al viento*
> *las sabias amarguras*
> *y los graves consejos,*
> *y quiero, sobre todo, emborracharme,*
> *ya lo sabéis... ¡Grotesco!*
> *Pura fe en el morir, pobre alegría*
> *y macabro danzar antes de tiempo.* (PC LXXV)

La muerte y el juego: el Retrato

Este secreto debate entre los dos hermanos provocó una respuesta y un autorretrato de Manuel Machado que parecen dirigidos a su hermano. Justamente lo tituló *Adelfos*, hermano en griego:

> *Yo soy como las gentes que a mi tierra vinieron*
> *—soy de la raza mora, vieja amiga del Sol—,*
> *que todo lo ganaron y todo lo perdieron.*
> *Tengo el alma de nardo del árabe español.*
> *Mi voluntad se ha muerto una noche de luna*
> *en que era muy hermoso no pensar, ni querer...*
> *Mi ideal es tenderme, sin ilusión ninguna...*
> *De cuando en cuando, un beso y un nombre de mujer... (...)*
> *Nada os pido. Ni os amo ni os odio. Con dejarme,*
> *lo que hago por vosotros hacer podéis por mí...*
> *¡Que la vida se tome la pena de matarme,*
> *ya que yo no me tomo la pena de vivir!...*
> *Mi voluntad se ha muerto una noche de luna*
> *en que era muy hermoso no pensar ni querer...*
> *De cuando en cuando un beso, sin ilusión ninguna.*
> *¡El beso generoso que no he de devolver!*

El autorretrato de Manuel suscitó otro en Antonio pocos meses después (1903), una respuesta sutil y escondida, sólo visible para quien conozca el poema de Manuel. Es un poema perfecto, redondo, profundo, inspirado, inolvidable. Se titula *Retrato*:

> 1 *Mi infancia son recuerdos de un patio de Sevilla,*
> *y un huerto claro donde madura el limonero;*
> *mi juventud, veinte años en tierras de Castilla;*
> *mi historia, algunos casos que recordar no quiero.*

2   Ni un seductor Mañara, ni un Bradomín he sido
      –ya conocéis mi torpe aliño indumentario–,
      mas recibí las flechas que me asignó Cupido,
      y amé cuanto ellas puedan tener de hospitalario.

3   Hay en mis venas gotas de sangre jacobina,
      pero mi verso brota de manantial sereno;
      y, más que un hombre al uso que sabe su doctrina,
      soy, en el buen sentido de la palabra, bueno.

4   Adoro la hermosura, y en la moderna estética
      corté las viejas rosas del huerto de Ronsard;
      mas no amo los afeites de la actual cosmética,
      ni soy un ave de esas del nuevo gay-trinar.

5   Desdeño las romanzas de los tenores huecos
      y el coro de los grillos que cantan a la luna.
      A distinguir me paro las voces de los ecos,
      y escucho solamente, entre las voces, una.

6   ¿Soy clásico o romántico? No sé. Dejar quisiera
      mi verso como deja el capitán su espada:
      famosa por la mano viril que la blandiera,
      no por el docto oficio del forjador preciada.

7   Converso con el hombre que siempre va conmigo
      –quien habla solo espera hablar a Dios un día–;
      mi soliloquio es plática con este buen amigo
      que me enseñó el secreto de la filantropía.

8   Y al cabo, nada os debo: debeisme cuanto he escrito.
      A mi trabajo acudo, con mi dinero pago
      el traje que me cubre y la mansión que habito,
      el pan que me alimenta y el lecho donde yago.

9   *Y cuando llegue el día del último viaje,*
     y esté al partir la nave que nunca ha de tornar,
     me encontraréis a bordo ligero de equipaje,
     casi desnudo, como los hijos de la mar. (PC XCVII)

Ciertamente este poema es una cumbre de la creación machadiana. Tal vez sea la llave que nos abra la puerta de su mundo. Machado está aquí por completo. Como si el poeta hubiera ascendido a la cima de una montaña desde donde contemplara *toda su existencia*, que comienza en el primer verso, tanto en el tiempo como en en el espacio —«infancia» y «Sevilla»—, para acabar en la última estrofa, también en el tiempo y en el espacio: «el día del último viaje», «el mar»…, ¡treinta y seis años antes de que se hiciera realidad en Collioure!

¿Quién, conociendo el final de la vida de Machado, no se ha estremecido al visitar Collioure y constatar hasta qué punto se cumplieron al detalle los últimos versos que evocan su muerte? Murió en un hotelito, junto a un pequeño río a punto de desembocar en el mar; «ligero de equipaje»: el maletín que llevaba lo perdió, o se lo robaron, en un pueblecito de Gerona, Cervià de Ter, cuando se hospedó, camino del exilio, en la Casa Santa María. Y «casi desnudo», sin nada en los bolsillos, salvo una caja con un poco de tierra de su tierra, lo acogió Madame Quintana en Collioure —«costa libre»—, un pueblo de pescadores, de hijos de la mar, adonde la necesidad y el azar —¿el azar?— le habían conducido.

Pero volvamos al poema para captar su complejidad y riqueza: permítaseme, por una vez, un pequeño análisis estructural.

* * *

La sabiduría implícita en el Retrato. ¿Cronología?

El poema no es lineal, pese a que parece adoptar un esquema cronológico al discurrir aparentemente de la «infancia» hasta el día «del último viaje», sino que tiene forma de parábola, una estructura claramente semítica, que hallamos también, por ejemplo, en el prólogo del evangelio de Juan.

Las nueve estrofas son simétricas por repetición de temas: a la segunda estrofa —«ya conocéis mi torpe aliño indumentario»— corresponde la octava —«el traje que me cubre». A la tercera —«mi verso brota de manatial sereno (...) y soy, en el buen sentido de la palabra, bueno»— corresponde la séptima, en la que habla de su soliloquio —«es plática con este buen amigo/que me enseñó el secreto de la filantropía». A la cuarta —«adoro la hermosura y en la moderna estética...»—, corresponde la sexta: «¿Soy clásico o romántico», donde habla también de estética y de su superación.

La quinta, por tanto, no tiene estrofa simétrica. Es única; y es justamente el vértice del poema: en su último verso, estamos ante el retrato de alguien que es poeta, que se esfuerza por un estilo propio y que como hombre y como poeta es único, se habla de la «voz una».

Inmediatamente, sin embargo, surge una cuestión: ¿Cómo pueden ser simétricas la primera y la última estrofas? En la primera se habla de la infancia; en la final, de la muerte. ¿Qué simetría es posible?

El *Retrato*, fruto de la comunicación «con el hombre que siempre va conmigo», es una de aquellas piezas en que la forma revela el fondo: Machado, para componer su retrato, para definirse, necesita incluir la muerte, no de manera accidental –y añadiría, trivial– como en el poema de Manuel, sino esencial, substancial: sin ella no habría perfil, retrato ni identidad, después veremos por qué. Pero la muerte, la última estrofa, presenta además una estricta simetría con la primera, que comienza con «infancia», realidad que Manuel olvidó y que era tan esencial como la muerte para Antonio. Porque la muerte, «el partir la nave», es imaginada como la realización de su juego preferido en la infancia: capitán de buque mercante. Lo sabemos por la biografía que prácticamente dictó a Pérez Ferrero, pero también por un espléndido poema dedicado a un poeta-capitán de navío, Julio Castro:

> *... Con el milagro de tu verso he visto*
> *mi infancia marinera,*
> *que yo tambíen, de niño, ser quería*
> *pastor de olas, capitán de estrellas.*
> *Tú vives, yo soñaba,*
> *pero a los dos, hermano, el mar nos tienta.*

Y finaliza con estos versos en los que se relacionan, no sólo referidos al marinero Julio Castro, sino también al propio autor, el «capitán» y el «poeta», el «poema» y el «navío»:

> *y que del mar y del olvido triunfen*
> *poeta y capitán, nave y poema.* (PC CLXIV)

De tal suerte que la muerte es imaginada y anunciada como realización de su sueño: juego de la infancia.[7] Sorprenden-

---

7. Con esto, a mi parecer, quedan arrinconadas opiniones ya tópicas de los comentaristas oficiales de Machado –Sánchez Barbudo, Aurora de Albornoz, Bernard Sesé, entre otros– en libros abundantes y eruditos. Según ellos, Machado, por la inclusión de la última estrofa del *Retrato*, se mostraría estoicamente resignado a la muerte. Esta afirmción no tiene ningún fundamento: ¿se

temente, y a pesar de la mayoría de comentaristas, se habla de la muerte en clave de juego infantil.

Más aún, es en la infancia y en su actividad específica, es decir, en el juego preferido, donde precisamente se halla la clave para interpretar y adivinar el enigma, socialmente aterrador, de la propia muerte. En la infancia se anticipó. En la emoción del juego preferido se experimentó. Esto queda sugerido en la simetría de las estrofas. Y, por otra parte, qué arabesco describió su inspiración cuando brotó de él, frente al mar de Collioure, seguramente el 17 de febrero de 1939, aniversario del nacimiento de Bécquer, su último verso, con el mismo ritmo y con la misma medida alejandrina de los versos del *Retrato*:

> *Estos días azules y este sol de la infancia.* (PC. Poesías sueltas, LXXV)

La última palabra de Machado ante la inminencia de la muerte es precisamente la primera del Retrato: «¡infancia!» El final es como el inicio. El inicio, el juego infantil, es como el final, y lo anticipa. Quizá si nuestro espíritu despertara, si escucháramos nuestra voz única, descubriríamos la muerte, nuestra muerte, como un misterio dulce de la infancia. Quizá ya la hemos vivido anticipadamente cuando jugábamos al juego que más nos gustaba. Quizá la muerte no es aquello que nos espera, terrible, ajena y azarosa, al final. Quizá, como un «dulce ángel» de Màrius Torres, ya jugaba con nosotros, reía con nosotros, se enternecía con nosotros, jugando y anticipando el final. Quizá, si recordáramos nuestra infancia y con ella el juego predilecto,

---

resigna estoicamente un niño, el día de Reyes, a montar el caballo de cartón que tanto había deseado? Con estas afirmaciones se desfigura el *Retrato*, al leerlo desde las propias categorías, que realmente no son las del poema.

sabríamos ya desde lo más hondo qué puede ser la muerte, la nuestra, la que Rilke quería «propia», y la reconoceríamos igual que Machado la reconoció aquella mañana fría y luminosa, en la playa de Collioure, escuchando el rumor del viento y el del mar, la cabeza al viento –se había quitado el sombrero–, con los pies hundidos en la arena, apoyado en una barca, acompañado por su hermano José.

Y sobre todo, sobre todo, comenzaríamos a perder el miedo... a la muerte y, quizá también, a vivir.

Escuchar

En efecto, los extremos del *Retrato*, infancia y muerte, son simétricos, con todo lo que ello comporta. Nos corresponde ahora examinar la punta asimétrica, la quinta estrofa que concluye con aquel verso en que se refleja y concentra el tema del poema, la estrofa que no tiene pareja:

Y escucho solamente, entre las voces, una.

Gracias a este verso el poema no queda cerrado, sino abierto, abierto hacia el centro, hacia la profundidad inconsciente, una y de todos: la voz «una» es dada, viene del fondo. La acción del poeta, que lo define como artista y como ser humano, es «escuchar», recibir, aceptar. Un escuchar que es relación –«converso con el hombre que siempre va conmigo»– con aquello que en nosotros es real, invulnerable, indestructible y, por ello, en medio de las turbulencias de la existencia, sereno –«mi verso brota de manantial sereno»–, una relación íntima que nos desvela el «secreto»: «que me enseñó el secreto de la filantropía». Un escuchar que es, sobre todo, obedecer, no a un superior externo, sino a la voz que habla, discreta, en lo profundo. Recordemos que «obediencia» viene del latín «ob-audire»: «escuchar a». Una obediencia, pues, que es obedecerse, fidelidad a sí mismo.

Y es preciso ahora añadir: la infancia y la muerte, según Machado, maestro y médico, se convierten en simétricas cuando la conciencia escucha, ahora, en presente y mutua presencia, a la profundidad «interior» o «exterior». El arte de Machado proviene de este escuchar:

> *Tal vez la mano, en sueños,*
> *del sembrador de estrellas,*
> *hizo sonar la música olvidada*
> *como una nota de la lira inmensa,*
> *y la ola humilde a nuestros labios vino*
> *de unas pocas palabras verdaderas.* (PC LXXXVIII)

Cuando la conciencia se hace «oyente» y queda en silencio sólo para escuchar, el inconsciente profundo, que mira el rostro del Todo, habla. De la unión de ambos vectores, el «escuchar» y el «hablar», nace el poema que tiende a unir, en el lector, superficie y profundidad, y en esta unión, energética y luminosa al máximo, puede éste experimentarse, sentirse, curarse.

El poema leído, vivido, cuando lo sentimos «nuestro» por la emoción que nos suscita, se convierte en catalizador que posibilita, ahora en el lector como antes lo hizo en el creador, la combinación alquímica, saludable, antidepresiva, vitalizadora, auténtica, de consciente e inconsciente, de forma y fondo, de emoción y lucidez.

La superficie, gracias a estos enlaces, deja de ser superficial, aburrida; la apariencia se transforma en aparición de la totalidad. La profundidad ya puede manifestarse en ella. Y el mundo en la conciencia humana, en el límite, se convierte en «teofanía», manifestación de lo «divino»:[8]

Quien habla solo espera hablar a Dios un día.

Escuchar y obedecer lo profundo prepara una experiencia espiritual insuperable: aquello que las religiones colectivas, más preocupadas por la moral y por la ley, por la supervivencia de la institución, por la obediencia y sumisión al jerarca, que por la vitalización, curación y autonomía adulta de sus adeptos, pretendían siempre, sin conseguirlo casi nunca. Y es muy cierto que esta «obediencia» no se puede mandar ni imponer (es «poética», no «dictatorial»). Sólo se puede indicar; sólo se puede presentar. Es una invitación.

Del tiempo lineal al tiempo circular

Cuando el inconsciente es escuchado, cambia la vivencia del tiempo. Ya lo hemos insinuado: el fin es como el inicio; la muerte, como la infancia. El tiempo, cuando el centro supratemporal se hace presente, deja de ser lineal para adoptar, atraído, encorvado, otra forma, ahora circular. Lo mismo ocurrió con el espacio terrestre: dejó un día de ser lineal al descubrirse la redondez de la tierra, de tal modo que el Finisterre se transformó en un simple nombre y el «Mare tenebrosum», en un mar tan amigo y familiar, tan arriesgado y misterioso, como los otros. Los na

---

8. También Joan Maragall (1860-1911), en su *Canto espiritual,* exclama: «Cuanto miro se os parece en mí».

vegantes ya no temían perderse en el abismo de las tinieblas, porque la tierra no se acababa, no tenía «finis», y el partir era simultánea y rigurosamente comenzar a regresar.

Cuando el centro invisible se hace presente al escuchar, el tiempo se vuelve circular. En cada momento del tiempo se hace presente, sinóptica y simbólicamente, el centro que le atrae, el «siempre», y en él el «todo», de la misma forma que en el *Retrato* aparece toda la existencia del retratado, desde la infancia hasta la muerte. Y si en el espacio lineal uno podía alejarse peligrosamente del centro, en el espacio esférico, en cambio, el centro siempre está presente, invisible pero experimentable por su propio peso. Y si en el tiempo lineal cada vez nos alejamos más del origen y nos acercamos peligrosamente al fin («Juventud, divino tesoro/que te vas para no volver...»), envejeciendo en el miedo y en el horror, o en el olvido y la inconsciencia, en el tiempo circular cada momento queda recogido en el más allá del tiempo: tiempo y eternidad se trenzan íntimamente en el ahora. Con qué sutil ternura lo vivió y lo cantó Machado al recordar su hogar de Soria:

> *... y cuántos son*
> *minutos de paz si el ahora vierte*
> *su eternidad menuda grano a grano.* (PC CLXIV, XII)

Según Machado, el poema temporal, tanto en su materialidad como en su estructura, puede recoger el tiempo porque viene de más allá del tiempo, viene del centro: es «palabra esencial en el tiempo». Y la tarea de la conciencia poética que escucha su centro —«hoy, enjambre que torna a su colmena»—, es reunir el tiempo, descubrir en el ahora el todo, centrarse. «Vivir cada día como si fuera toda una vida», se proponía Rilke. Lo cual es contemplar cada día como si fuera un poema en el que está todo el «poeta» y su obra, donde está por completo, en símbolo y alusión, la vida y el más allá de la vida. Cada día es manifestación del centro. El ser humano, enervado por la dispersión, en el «ahora» recupera todo su poder:

Hoy es siempre todavía (PC CLXI, VIII)

dijo don Antonio. La vivencia de este tiempo, no hace falta decirlo, elimina progresivamente la prisa y el desasosiego y todas las debilidades concomitantes. ¡Qué curación!, la cual, recordémoslo, proviene de un escuchar el profundo inconsciente... que habla y quiere hablar, ¡pero para ser escuchado!

Una palabra nuestra que se nos impone

Una consideración más: estamos ante el retrato de un poeta que busca un estilo único, una voz única. Pero esta voz, que es bien suya, no viene de él. Él «la escucha». Machado define, pues, como creador, no sólo al poeta, sino también al ser humano. Ser «hombre» o «mujer», según el poema, no es tanto «hacer» como «escuchar»; escuchar la voz que proviene de la profundidad inconsciente y que busca unirse con la conciencia.

¡Perfecto retrato! Mirémoslo otra vez: la última palabra del primer verso es «Sevilla». La última palabra del último verso es «mar». ¿Y qué va de Sevilla al mar sino el Guadalquivir, el río de Machado, para quien la vida humana era como un río que iba a dar al mar?[9] El espacio —el Guadalquivir— y el tiempo de Machado —«mi infancia»— penetran como símbo-

---

9. «Nuestras vidas son los ríos/que van a dar en la mar»/«¡Gran cantar!/Entre los poetas míos/tiene Manrique un altar». (PC LVIII)

los en el poema, son a la vez datación y ubicación plenas de significado: ya la profundidad –«converso con el hombre que siempre va conmigo»– hablaba a través del tiempo y del espacio, de los lugares y de los días, dándoles un doble significado, anecdótico y simbólico, mucho antes de que se iniciara el diálogo.

También es propio de la conexión con el centro, con la conciencia superior, incluyente, que une sujeto y objeto, «yo» y «no-yo», adivinar, presentir el futuro como sentido de la existencia. De aquí aquella sorprendente lucidez, quizá mejor clarividencia, del *Retrato* al contemplar el final y disponerlo todo para su exacta realización. Todo ello forma parte de la actividad del inconsciente cuando se encuentra con una conciencia atenta, solidaria, cómplice, dialogante.

Hemos de tenerlo presente al hablar del sentido de la frustración y del absurdo: cuando un hecho doloroso –una prueba– se nos presenta en la vida, muy frecuentemente habrá sido anunciada por un presentimiento o por un sueño y tal vez irá acompañada por un azar, por una sorprendente casualidad. En el sueño y en el azar se hallará oculto el sentido del hecho doloroso que permita tomar conciencia de su necesidad para el crecimiento de quien tenga que vivirlo y pasarlo. Aquello no proviene de la fatalidad o del «castigo de los dioses», sino del destino profundo, de un aprendizaje que aún está por hacer, de un dar con el camino que conduce a una plenitud mayor.

De esta forma, no sólo el final queda como vaticinado. Hay aspectos, acontecimientos, de la vida de Machado que van a quedar también como anticipados y presagiados crípticamente: al hacer mención de sus historias amorosas, en un verso muy sugerente, incluso intensamente erótico, dice:

y amé cuanto ellas puedan tener de hospitalario.

Años más tarde, se enamoraría de Leonor Izquierdo, una adolescente de trece años, hija de los propietarios de la fonda soriana en que se hospedaba. Con ella se casará y juntos irán a París. La víspera de la gran fiesta nacional francesa, «en la noche de la fiesta», del 13 al 14 de julio de 1911, aniversario de la toma de la Bastilla por los jacobinos, mientras escuchaban la algarabía ciudadana, cerca de Saint-Germain, Leonor vomitará sangre. Realmente no sabía Machado con qué exactitud se cumpliría ocho años después su verso:

Hay en mis venas gotas de sangre jacobina.

El poema como paradigma

Una última y esencial observación sobre la forma reveladora del fondo. Que Antonio Machado confíe su retrato-biografía a un poema quiere decir, al parecer, que el paradigma de la vida humana, su contexto de referencia para entenderla y encajar en ella los hechos, es el poema:

sólo el poeta puede
mirar lo que está lejos,
dentro del alma, en turbio
y mago sol envuelto. (PC LXI)

Es decir, la vida humana quiere manifestarse y crearse como una obra de arte que precisa, para realizarse y verse como tal, la inspiración y la energía que le llegan del fondo.

Es en este contexto donde se da el giro esencial: el poema, o sea, la vida humana, así entendida, necesita para existir el punto, la pincelada final. Sólo cuando este punto final surge del interior del poema, de su ritmo interno, y ya lo hemos puesto, la obra creada, el poema, la vida «son». Sólo entonces se pueden mostrar. Ésta es la razón por la cual Machado necesita incluir esencialmente como final «la muerte propia», la muerte que emerge del fondo, de su infancia y del contexto de toda su vida y de toda su actividad creadora, a fin de que el poema, que es su vida, sea, exista.

La muerte, pues, como también intuyó Rilke y verá Màrius Torres, no viene de fuera. Brota de dentro, igual que un árbol potente surge de su propia semilla. Aquel escuchar la voz única del fondo se revela fecundo: la Muerte, el último enemigo del ser humano, según Pablo de Tarso, ha sido vencida y transfigurada: no destruye sino que hace ser, da el último perfil del retrato.

Curación y recuperación

No era ésta, sin embargo, la conciencia ordinaria de Machado. En el *Retrato* aparece una identidad firme, segura, vigorosa, real: es lo oculto y profundo, siempre presente, pero... en estado potencial. Es como una promesa de realización que muestra el objetivo. Porque la conciencia ordinaria, el punto de partida del camino hacia esta identidad tan cierta y vigorosa, expresada con tanta fuerza, fue exactamente lo contrario.

Lo sabemos por su biografía: conocemos por propia confesión y por testimonio ajeno su enfermiza hipocondría, sabemos que estuvo cerca del suicidio después de la muerte de su esposa. La angustia, la desorientación, la pérdida, el desamparo, la búsqueda desesperada, son el resultado y la consecuencia de un sentirse separado de aquella fuente que después acabaría simbolizada por el surtidor del claustro que le vio nacer.

Así lo diagnostica en un momento lúcido e inspirado, cuando se pregunta por la causa de la angustia que en él habita, y no obtiene respuesta, pero sí memoria de su inicio: en la infancia, o mejor, en el momento de la pérdida de la infancia, al perder a la «madre», que es sustituida por la presencia, lamentablemente fiel, de la angustia. Su sufrimiento se manifiesta como soledad, que ahora significa aislamiento sombrío y perplejidad paralizante:

> *Y no es verdad, dolor, yo te conozco,*
> *tú eres nostalgia de la vida buena,*
> *y soledad de corazón sombrío,*
> *de barco sin naufragio y sin estrella.*

Plasma inmediatamente este malestar permanente con imágenes penetrantes, con símbolos universales, extraídos seguramente de un sueño:

> *Como perro olvidado que no tiene*
> *huella ni olfato y yerra*
> *por los caminos, sin camino, como*
> *el niño que en la noche de una fiesta*
> *se pierde entre el gentío*
> *y el aire polvoriento, y las candelas*
> *chispeantes, atónito, y asombra*
> *su corazón de música y de pena,*
> *así voy yo, borracho melancólico,*

guitarrista lunático, poeta,
y pobre hombre en sueños,
siempre buscando a Dios entre la niebla. (PC LXXVII)

El perro olvidado por el amo, y que ha perdido el camino de regreso a casa, es la imagen que representa la pérdida progresiva de instinto que nos lleva a dejar de escuchar y a descuidar la sabiduría del cuerpo, que nos hace caer en mil enfermedades y dependencias «médicas» (¡aquellas largas colas ante las puertas de la sanidad pública!), que nos hace agradables y gustosas las cosas que nos perjudican, y repugnantes, carentes de atractivo, las que nos convienen. Es la pérdida del camino, no saber por dónde hay que ir, equivocarse una y otra vez de compañero o compañera, de trabajo, de oficio, de lugar, de amigos.

... Y el niño que ha perdido la mano de la «madre», real o simbólica, se siente perdido justamente la noche de la fiesta, entre la alegría de los demás, alegría que no hace sino contrastar e incrementar su desolación y su desamparo: ¿cómo puede sentirse tanto dolor en medio de tanta fiesta?

Con estas imágenes representa Machado su condición presente: ebrio, drogado, para no sentir la melancolía –ebrio tal vez de melancolía–, poeta y hombre perdido en sueños, sinónimos aquí de irrealidad, para acabar con un verso inolvidable:

siempre buscando a Dios entre la niebla.

No buscaríamos aquello que no hemos perdido. Y habiendo perdido a «Dios», según Machado, nos hemos perdido a nosotros mismos y también hemos perdido el «mundo», *nues-*

tro mundo: estamos aburridos. La separación, la ruptura, han hecho añicos aquella unidad potente que el lenguaje no puede más que separar: «Dios», conciencia, mundo. El mundo no podemos verlo a causa de la niebla.

El olvido del instinto, el sentimiento de desamparo del niño son la consecuencia de la ausencia de «Dios», de haberse separado de Él, al constituirnos como un «yo» in-dependiente.

El «Dios» de Machado, el Dios de los poetas

Pero, ¿de qué «Dios» nos hemos separado? El Dios de Machado es «madre» que acompaña, fuerza que inspira, reencuentro con el instinto, energía vitalizadora que alimenta e impregna las raíces animales. No es un Dios de doctrina ni de leyes, prohibiciones e imperativos, venido de fuera, que sacraliza el orden y los poderes establecidos, sino, más bien, fruto de su experiencia poética, un Dios que ha de brotar de dentro, como una potente ola de silencio, como una discreta intuición, como una silenciosa invitación a crecer o a aprender de las situaciones o de los retos de la vida..., como inspiración del poema y fuerza para trabajarlo: «Adoro la hermosura». Su acción en el ser humano le hace ser creador. ¿Cómo reencontrarlo y reencontrarse? ¿Cómo reencontrar a la vez el «mundo» y cómo superar la soledad sombría, al tiempo que se descubre la realidad del «otro» y no su «fantasma»?

Pero antes de repasar el camino machadiano que da respuesta a estas preguntas, subrayemos una observación esencial del poema. Machado no da carta de naturaleza a la enfermedad: «Así voy yo», observa, y no «así soy yo». El poeta no pacta con su malestar ni se define por él: lo fijaría y se quedaría fijado en él. Este malestar es algo aprendido, algo que acontece, no algo natural. Ciertamente no buscaríamos aquello que no hemos perdido. Pero tampoco buscaríamos aquello que hemos perdido del todo, sin dejar ni rastro. Machado no se daría cuenta del estado de pérdida y desamparo si algo en él no le recordara justamente aquello que no está perdido ni desamparado. Sólo gracias al recuerdo —y, por tanto, por la presencia, por la ausencia presente— del bienestar perdido, del ser ahora extraviado, puede uno darse cuenta del malestar y de la nada de la propia existencia. Sólo desde aquello que es real podemos sentirnos irreales, y esto justamente en el momento en que nos damos cuenta de la pérdida de realidad.

Correlativamente, sólo desde una cierta presencia de «Dios» puede uno sentir su ausencia. Sólo desde una cierta memoria se puede experimentar el olvido. ¡Bendito sea el momento en que nos damos cuenta desesperadamente de que vamos perdidos! El doloroso descubrimiento y reconocimiento de la enfermedad y de la pérdida es ya inicio de salud y del encuentro: «No me buscarías si no me hubieras hallado».

No es algo natural vivir en ese estado, ciertamente, y muchas tradiciones religiosas dirían que esta situación enfermiza y enferma es fruto del «pecado», culpabilizando encima a quien la padece. No es éste el pensamiento del Machado maduro: nos es preciso salir, o hace falta que nos saquen, del paraíso, experimentar su ausencia, para poder entrar de nuevo, plenamente conscientes:

> *«Mas nadie logrará ser el que es si antes no logra pensarse como no es.»* (PC CXLVV)

Dicho de otra forma: es necesario ayunar para recuperar y poder sentir con plena conciencia el valor y el sabor de los alimentos. Este sentirse desgraciado, desamparado, forma parte de un proceso y de un aprendizaje: se puede asumir con todo su sufrimiento, pero sobre todo con total inocencia.

Por otra parte, el estado que vive Machado es individual, sí, pero también colectivo: aquel no acertar, aquel errar el camino es tanto individual como «tribal» y nacional:

Los últimos años de la vida española han cambiado profundamente nuestra psicología. (...) El recuerdo de nuestro reciente desastre nacional surge en nuestro espíritu como una negra nube (...) Tras un largo período de profunda inconsciencia (...), perdimos los preciosos restos de nuestro imperio colonial... Imaginaos al pueblo español como a un hombre que, inesperadamente, recibiera un fuerte garrotazo en la cabeza, cayera a tierra sin sentido y al recobrarlo se levantara preguntando: ¿Dónde estoy? (...) Acaso el golpe recibido nos pondrá en contacto con nuestra consciencia...

dejó escrito en Soria, el 2 de mayo de 1908, con ocasión del centenario de aquel otro 2 de mayo histórico. «La vaca ciega» de Joan Maragall[10] −«huérfana de luz, bajo un sol que quema»− podía representar también la piel de toro de la España ibérica que enviaba a sus hijos a derramar inútilmente su sangre en Marruecos. Y cuando la enfermedad es tanto individual como colectiva, si el individuo que la sufre encuentra el remedio, éste

---

10. Alusión al poema de Joan Maragall del mismo título, *La vaca cega* en el original, que fue traducido, entre otros, por Unamuno y por Dámaso Alonso. (*N. del T.*)

puede ser útil para todos: «El destino de los pueblos es como el destino de los individuos», subrayó Jung. Machado, en este momento, adopta la figura del chamán, aquel que, padeciendo en sí mismo las enfermedades de la tribu, recupera la salud tanto para él como para la tribu.

De una u otra forma era consciente de ello cuando escribió, apuntando hacia el significado último de su obra, la autoconfesión lírica y reflexiva de un itinerario en pos de la integración:

Pláceme poneros un poco en guardia contra mí mismo. De buena fe os digo cuanto me parece que puede ser más fecundo en vuestras almas, juzgando por aquello que, a mi parecer, fue más fecundo en la mía. Pero esta es una norma expuesta a múltiples yerros. Si la empleo, es por no haber encontrado otra mejor. (JM I,VI)

II. REENCONTRARSE, RENACER

El camino de Antonio Machado, un camino arquetípico de salud, sanación y «salvación», va, por tanto, de un extremo al otro: del desamparo, de la pérdida y de la angustia como situación inicial, hasta llegar a la identidad que se expresa en el *Retrato*, donde se muestran a un tiempo la realidad y la presencia de la meta, los medios para llegar y la firme promesa de conseguirlo: la garantía es su existencia como poema. En otras palabras, el camino de Machado va de un darse cuenta de la dolorosa dualidad, vivirse como no es, hasta llegar a la integridad y a la unidad: sentirse y vivirse como realmente es:

> *En el camino de la conciencia integral, o autoconciencia (...) puede el hombre llegar a la visión real de la conciencia (...) a verse, a vivirse, a serse, en plena y fecunda intimidad. El pindárico «sé el que eres» es el término de este camino de vuelta, la meta que el poeta pretende alcanzar.* (PC CXLVII, De un cancionero apócrifo)

Una parábola perteneciente a la sabiduría hindú nos aclarará el sentido:

> *Érase una vez un cachorro de león que se perdió y fue adoptado por un rebaño de corderos. Creció pensando que era un cordero como los otros. Comía las hierbas del campo y se comportaba como los demás corderos, pero de vez en cuando le entraban deseos de adentrarse en el bosque, completamente solo, y comerse los restos de al-*

gún animal muerto o de cazar alguno vivo. Le frenaba la mirada culpabilizadora de sus compañeros: «Un cordero no hace esto...», y se sentía muy mal. Hasta que un día apareció un león adulto y los corderos huyeron aterrorizados. El león se los comió a todos y, al llegar al pequeño león que también corría despavorido, oyó como éste le suplicaba: «¡Por favor, no me comas!» En un principio el león adulto pensó que aquel pequeño león no estaba bien de la cabeza. Pero al fin lo entendió todo y arrastró al pequeño león a la orilla de un estanque de aguas tranquilas y le obligó a mirar las dos imágenes que se reflejaban en él, la suya y la del pequeño león. De pronto el cachorro comprendió. Se quedó atónito: «¡No soy un cordero, soy un león!» Al verse tal como era en realidad, un león, despertó, y desde aquel momento fue un león de verdad... y fue feliz siendo tal como era.

En esta parábola de la sabiduría universal podemos observar que, si el cachorro de león se hubiera encontrado solo frente al espejo, habría huido asustado. Su gran miedo se habría manifestado: ¡Aquí está el león! Y es que tal vez aquello de lo que huimos, y que nos tiene atemorizados, nuestros grandes miedos, cuando nos identificamos con una falsa identidad, sea todo aquello que proviene de nosotros mismos auténticamente, todo aquello que proviene del león.

Aún otra observación. Tanto en el cuento como en el camino de Machado, no se trata de mejorar la suerte del cachorro de león que se pensaba que era un cordero, no se trata de ayudarlo a adaptarse mejor a su falsa condición. Se trata de algo más profundo: de un cambio de identidad. Con gran claridad lo expresó en unos versos tempranos:

O que yo pueda asesinar un día
en mi alma, al despertar, esa persona
que me hizo el mundo mientras yo dormía.

O que el amor me lleve
donde llorar yo pueda...
Y lejos de mi orgullo
y a solas con mi pena. (...) (PC Poesías sueltas, XXI)

Se trata precisamente de un cambio radical de identidad, de un volver a nacer: ha de morir «esa persona» extraña que me hizo un mundo falso, separado, mientras «yo», el yo auténtico, «dormía». La grandeza ha sido sustituida por el orgullo, un orgullo que no le deja sentir sus propios sentimientos, y que tal vez sólo el llanto podrá aliviar. De distinta forma lo dijo en un poema, ya definitivo. Se titula precisamente *Renacimiento*, en él expresa y condensa todo su anhelo:

Galerías del alma... ¡El alma niña!
Su clara luz risueña;
y la pequeña historia,
y la alegría de la vida nueva...
¡Ah, volver a nacer, y andar camino,
ya recobrada la perdida senda!
Y volver a sentir en nuestra mano
aquel latido de la mano buena
de nuestra madre... Y caminar en sueños
por amor de la mano que nos lleva.

*

En nuestras almas todo
por misteriosa mano se gobierna.
Incomprensibles, mudas,
nada sabemos de las almas nuestras.
Las más hondas palabras
del sabio nos enseñan
lo que el silbar del viento cuando sopla,
o el sonar de las aguas cuando ruedan. (PC LXXXVII)

La inmersión en el rebaño de corderos la imaginó Machado de otra manera no muy diferente:

Todos sabemos lo que es una ciudad dormida –tal es el caso de casi todas las ciudades españolas–; una ciudad donde se piensa que nuestra vida es algo hecho de una vez para siempre, un coche más o menos flamante, más o menos destartalado (...) y que podrá llegar no importa adónde, o estrellarse en la cuneta del camino, y que nada de esto interesa ni debe preocupar a nadie; lo importante es tomar asiento en el vehículo y acomodarse en él lo mejor que se pueda.

Ésta es la situación. El desamparo, la angustia, el error son síntomas de un estado de pérdida de identidad –el león se piensa que es un cordero–, de falta de originalidad, de renunciar a aquella realidad única que somos para hundirnos en la masa. Entonces, viviendo dormidos, tenemos una pesadilla que es nuestra vida «normal». El resultado es el malestar, el sufrimiento psíquico y a menudo físico. ¿Cómo curarse y cómo reencontrarse?

Que Machado responda. En primer lugar, no anestesiándose, no ahogando o eliminando el síntoma –«y no es verdad, dolor, yo te conozco»–, manifestación de la enfermedad, sí, pero también presencia y advertencia penetrante y dolorosa de la salud del fondo que quiere emerger y aparecer:

> *(...) Ama tu alegría,*
> *y ama tu tristeza*
> *si buscas caminos*
> *en flor en la tierra. (...) (PC XLI)*

En el mismo poema ya nos había dicho, o ya le había sido dicho:

> *mata tus palabras*
> *y oye tu alma vieja.*

Paradójicamente la salud aguarda tras el dolor, el malestar, la enfermedad, que quizá son un correctivo. Aceptándolos, sintiéndolos, sintiéndolos hasta el límite, damos marcha atrás, se deshace el nudo del error. La salud, la sanación, la posibilidad de encontrarnos sanos y salvos, ya está en nosotros: la enfermedad, el desamparo, la angustia, el desasosiego, sólo pueden corregirse, al parecer, vinculándonos de nuevo a aquello de lo que nos habíamos separado:

> *converso con el hombre que siempre va conmigo.*
> *Quien habla solo espera hablar a Dios un día.*

Por eso, retomar el diálogo, la comunicación con aquel que habita en nosotros y de quien nos habíamos separado, es religarse consigo mismo, re-leer-se; en una palabra, religión, pero ya no colectiva, sino estrictamente individual y al mismo tiempo universal: estamos a las puertas de la auténtica religación-religión, que es revelación a un tiempo de Dios y del ser humano, de «Dios» y de «mí». Se trata de escuchar la voz única que le habla sólo a cada uno, en y con su historia única. Sin embargo, para hacerlo, es necesario superar fuertes resistencias: el falso cordero tiene miedo de relacionarse con el león, de ser aquello que es. Lo rehúye. Pero al final no tendrá otra salida y superará el espejismo.

III. EL DIÁLOGO CON EL INCONSCIENTE

El lenguaje de los sueños

Tal vez por todo ello el camino inicial hacia el despertar —«pobre hombre en sueños»— de Machado comienza y pasa por los sueños: recordarlos, revivirlos, buscar su significado, dramatizarlos, no sólo intelectual o estéticamente sino, sobre todo, emotiva, afectiva y sentimentalmente; trabajarlos, plasmarlos, representarlos —en el caso de Machado mediante un poema— con la misma atención e interés que ponemos en nuestros asuntos más queridos, esenciales o urgentes. Son mensajes del león, muy real e inconsciente, al falso cordero, ciertamente consciente y muy falso. Unas veces, en la pesadilla, le hará sentir sin contemplaciones que se encuentra muy mal y el porqué, y en otras, en los sueños, con alguna frecuencia le hará sentir la dicha que le espera cuando llegue a ser aquello que realmente es.

Hay que reiniciar un diálogo y una comunicación rotas. El poder y la iniciativa del diálogo han de venir, pues, del más poderoso. La iniciativa primera, la señal, ha sido el malestar y la enfermedad. Es el toque de atención que genera la pregunta:

Para dialogar,
preguntad primero;
después... escuchad. (PC CLXI, VI)

Le corresponde ahora hablar al profundo inconsciente. Y lo hará con su propio lenguaje, el del león auténtico, un lenguaje total, emocional, imaginativo, simbólico, energético: las imágenes de los sueños, plenas de emociones, que trenzan un significado oculto.

Éste es el descubrimiento de Machado en esta primera etapa de su obra, al principio en *Soledades* (1903), después en *Soledades, Galerías y otros poemas* (1907). Su autor hace una elección: opta por el valor revelador y sanador del sueño a causa de las imágenes que vehicula y de las emociones que suscita. Los sueños no son absurdos, sino que suelen ser significativos al máximo: en ellos se pueden hacer presentes elementos que parecen ya irremediablemente enterrados, quizá incluso la identidad perdida:

> *Y podrás conocerte recordando*
> *del pasado soñar los turbios lienzos,*
> *en este día triste en que caminas*
> *con los ojos abiertos.*
> *De toda la memoria, sólo vale*
> *el don preclaro de evocar los sueños.* (PC LXIX)

También los antiguos médicos griegos llevaban a sus enfermos al templo del dios con la finalidad de que soñaran, a la espera de que en el sueño se mostrara el camino que conduciría a la curación.

También los jóvenes indios americanos, antes de su iniciación, pasan solos mucho tiempo en los bosques, consagrados al ayuno, a la purificación, al baño de sudor con las piedras calientes. Lo hacen con la esperanza de conseguir un sueño iniciático. De esta manera, la prueba a que se someten tiene como finalidad ponerlos en contacto directo con las capas más profundas de su inconsciente. Así el neófito experimentará la autoridad de lo que sólo puede ser nombrado como «absoluto», «divino», y que es la voz de su auténtica naturaleza, al tiempo que se libera de la dependencia pueril de la autoridad de los padres. El sueño que el neófito tiene en este momento se convierte en su guía, en el constante punto de referencia para toda su vida.

Partiendo de este sueño y de sus indicaciones, escogerá su vocación y su guía espiritual y, en cada situación crítica de su existencia, volverá a orientarse gracias a su sueño iniciático.[11] Seguramente el *Retrato* fue fruto de un sueño de este tipo, un sueño global, sinóptico, que iba desde el inicio hasta el final. También Jung habla por experiencia propia de este tipo de sueños globales, síntesis de una vida y aparición de su guión básico.[12] Su riqueza es inagotable; cada circunstancia, cada etapa de la vida aportan un punto de vista nuevo, un renovado y sorprendente sentido a este sueño inicial.

El valor del sueño, como lenguaje y comunicación del inconsciente a la conciencia, como restablecimiento de una relación perdida, atraviesa toda la obra del poeta. El Machado final del Juan de Mairena, escrito ya en plena guerra civil, lo constata:

Siempre he sido un hombre muy atento a los propios sueños, porque ellos nos revelan nuestras más hondas inquietudes, aquellas que no siempre afloran a nuestra conciencia vigilante. (JM II, c. XV)

---

11. *Véase* E. Harding, *Los misterios de la mujer*. Ediciones Obelisco. Barcelona, 2005.

12. Por ejemplo, en *Recuerdos, Sueños, Pensamientos*, que es su autobiografía (Ed. Seix Barral).

Quizá sea por esto que, en aquella utópica Escuela Superior de Sabiduría Popular que Machado imaginó, la finalidad de la cual era

> *revelar al pueblo, quiero decir al hombre de nuestra tierra, (...) toda la enorme zona de su espíritu que puede ser iluminada y consiguientemente oscurecida (JM II, c. XXXV),*

uno de los ejercicios consistía en dedicar una hora a la interpretación y comentario de un sueño. Precisamente en este mismo capítulo se habla de la crucifixión y del sufrimiento del ser humano autotorturado por su falsa identidad:

> *Suele vivir el hombre crucificado sobre su propia vanidad, literalmente asado sobre las ascuas de su negra honrilla. Es condición humana este cruel suplicio –añadía Juan de Mairena– y no es justo que pierda totalmente nuestra simpatía quien lo padece. Pero también es condición del hombre el afán de mejorar esta condición, y aun la posibilidad de mejorarla, quiero decir, en este caso, de libertarse un poco de la cruz y las ascuas supradichas. Y nuestra mayor estimación irá hacia aquellos hombres que lo intentan, aunque no siempre lo consigan, a saber, hacia los hombres de espíritu filosófico que suelen pensar más por amor a la verdad que por amor al hombrecillo que todos y cada uno de nosotros llevamos a cuestas. (JM II, c. XV)*

El sueño permite penetrar en una profundidad nueva, que tiene una vibración y un sabor diferentes, mucho más intensos y, por así decirlo, más sutiles y gustosos. En la superficie tal vez haya tormenta, pero quien se adentra en la profundidad gracias a sus sueños, experimenta una paz y una felicidad nuevas, una fuente de vida:

Y nada importa ya que el vino de oro
rebose de tu copa cristalina,
o el agrio zumo enturbie el puro vaso...
Tú sabes las secretas galerías
del alma, los caminos de los sueños,
y la tarde tranquila
donde van a morir... Allí te aguardan
las hadas silenciosas de la vida,
y hacia un jardín de eterna primavera
te llevarán un día. (PC LXX)

«La conciencia es una superficie», había afirmado Nietzsche con honda intuición. Machado no le contradiría: según él, no es en la conciencia donde se hallan la paz y el gozo, fruto de la unidad y de la integración, sino mucho más adentro, allá donde se originan los sueños. En aquel silencio interior, donde habitan las «hadas de la vida», se abre la puerta de un jardín que tal vez es perenne. En este punto, la vida ordinaria se transforma en magia y belleza. En este punto, los sueños comienzan a realizarse.

En el espacio sutil y vibrante del que brotan los sueños, habita también la certeza. Es como mínimo razonable considerar el sueño como un posible instrumento de conocimiento y de penetración en zonas más densas, más energéticas, también más apaciguadas y serenas. Machado lo explica con gracia y profundidad a través de una parábola: un niño soñaba con un caballo de cartón. Al despertar, no lo vio. Advertido y precavido, en otro sueño ya lo cogía por la crin, pero el niño despertó con el puño cerrado: ¡el caballo no estaba!

> *Quedose el niño muy serio*
> *pensando que no es verdad*
> *un caballito soñado.*
> *Y ya no volvió a soñar.*

En este último verso, más bien trágico, se evidencia una posibilidad suicida: no creer en los sueños, pensar que en los sueños no hay verdad. Entonces se van, decepcionados y tristes. Y cuando los sueños ya no vienen, la profundidad enmudece y aparece la pesadilla de la incertidumbre —incertidumbre de la propia vida, del propio camino— que lo envuelve todo:

> *Pero el niño se hizo mozo*
> *y el mozo tuvo un amor,*
> *y a su amada le decía:*
> *¿tú eres de verdad, o no?*
> *Cuando el mozo se hizo viejo*
> *pensaba: Todo es soñar,*
> *el caballito soñado*
> *y el caballo de verdad.*
> *Y cuando vino la muerte,*
> *el viejo a su corazón*
> *preguntaba: ¿Tú eres sueño?*
> *¡Quién sabe si despertó! (PC CXXXVII)*

En cambio, cuando se afirma la «verdad» del sueño, su capacidad de ser un mensajero de la profundidad aún no adulterada por «aquella persona que me hizo el mundo/mientras yo dormía», cuando es visto y tal vez interpretado como un portador de la verdad sobre «mi» vida e identidad en esta situación, ¡cuántos anuncios, cuánta promesa, cuánta revelación...!

Incluso puede suceder, más allá de la unilateral interpretación de Freud, que en un sueño se encuentre la solución para un problema cuya existencia ni tan siquiera se sospechaba. Los sueños pueden también aparecer en momentos decisivos, en una encrucijada de caminos, o cuando nos hallamos en un aparente callejón sin salida, indicándonos la puerta impensable que no queríamos ver. De esta manera, el soñador aprende a confiar poco a poco en la propia profundidad, a creer más y más en los sueños y en su punto de partida: la otra parte de sí mismo.

Al aceptar el sueño, al preguntarle, al recordarlo emocionalemente, uno conversa consigo mismo, se vincula a su propio ser, se desprende de las evidencias y dogmas colectivos e hipnóticos, y experimenta una sabiduría y una inteligencia inmensamente más hondas que las de la conciencia ordinaria. «El hombre que siempre va conmigo», en los sueños, se va revelando como maestro y médico interior, proyectado, en un principio secretamente, después con mucha claridad, en los «maestros» y en los «médicos» que encontramos en la vida, hasta que nos relacionamos directamente con él.

Quizá la dificultad máxima para valorar los sueños sea su aparente absurdidad. Esta dificultad para comprenderlos indica, tal vez, la distancia que aún hay entre la «pseudo-identidad» presente y la real oculta. En su absurdidad se muestra el absurdo del alejamiento del Origen, de aquel perderse en el rebaño. Para mitigar esta dificultad, sólo queda una solución, diría Rilke: mantenerse, seguir preguntando a los sueños. «Un día lejano, quizá le llegará la respuesta»,[13] experimentada siempre como incremento evidente de luz, como expansión feliz de energía y de conciencia. Este preguntar, aún sin respuesta, irá sensibilizando y expandiendo la conciencia, capacitándola para adivinar el significado del sueño.

Sensibilización y expansión que son necesarias, porque el alcance de los sueños, como el de todo oráculo llegado de lo profundo, tal vez no tenga límite, tal vez cada sueño sea todo un universo. En el sueño se rompe la sólida distinción de la conciencia normal, en estado de vigilia, entre el «yo» y el «no-yo»: en muchos sueños, «yo» soy todos sus personajes. En ellos, no sólo se cumplen deseos imposibles de realizar a causa de los tabúes y de las prohibiciones sociales interiorizadas, como quería Freud, sino que también se quiebra la sucesión temporal. El sueño acostumbra a ser arqueológico (indica el origen) y teleológico (muestra el final), como en el *Retrato* ya estudiado, originado muy probablemente en un sueño. Es preciso preguntar el porqué del sueño, pero también, con intensidad no menor, cuál es su finalidad, su «para qué», partiendo de la situación que vivía quien lo ha tenido, que es el contexto. Por ello, sólo puede interpretar el sueño, en todo su significado, quien lo ha tenido. El sueño quizá era, entre otras cosas, respuesta a preguntas que el soñador se hacía o se hará.

Misión de los sueños es mostrarnos la otra cara de la circunstancia, es decir, compensar, equilibrar la actitud unilateral de la conciencia en estado de vigilia: quien se pone en camino hacia su Realidad puede atravesar situaciones más o menos difíciles, pasar por caminos muy estrechos y por valles muy oscu-

---

13. En *Cartas a un joven poeta* (Carta IV) de Rainer María Rilke. Hay traducción del propio Antoni Pascual en Ediciones Obelisco. (*N. del T.*)

ros. El sueño podrá compensarle, aportándole aquella chispa de gozo y de luz que necesita para vivir. Si no la encuentra despierto, la puede encontrar dormido. Machado tuvo en un momento muy difícil de su vida, cuando acompañaba desesperadamente la agonía de su esposa, el sueño más feliz y grande, quizá, de su existencia. Le mostraba qué estaba sucediendo en verdad: el nacimiento en él de aquello esencial que andaba buscando:

Anoche cuando dormía
soñé, ¡bendita ilusión!,
que una fontana fluía
dentro de mi corazón.
Di, ¿por qué acequia escondida,
agua, vienes hasta mí,
manantial de nueva vida
de donde nunca bebí?
Anoche cuando dormía
soñé, ¡bendita ilusión!,
que una colmena tenía
dentro de mi corazón;
y las doradas abejas
iban fabricando en él
con las amarguras viejas
blanca cera y dulce miel.
Anoche cuando dormía
soñé, ¡bendita ilusión!,
que un ardiente sol lucía
dentro de mi corazón.
Era ardiente porque daba
calores de rojo hogar
y era sol porque alumbraba
y porque hacía llorar.

Anoche cuando dormía
soñé, ¡bendita ilusión!,
que era Dios lo que tenía
dentro de mi corazón. (PC LIX)

Justamente aquel que iba «siempre buscando a Dios entre la niebla» lo encontró en el sueño y se dilató al máximo, justo cuando experimentaba, con máxima estrechez, el dolor de la prueba y la inminencia de la pérdida. Fuente, colmena alquímica y sobre todo –sobre todo– sol-fuego que era «hogar» (y que estaba a punto de perder), un sol que le devolvía el llanto y las lágrimas, era todo aquello que le brotaba de dentro. ¿Sólo «sueño»? ¿«Bendita ilusión» tan sólo? La tendencia de los sueños, que no raramente anuncian algo que viene, es hacerse realidad:

Tiene el padre entre las cejas
un ceño que le aborrasca (...).
Soñando está con sus hijos,
que sus hijos lo apuñalan;
y cuando despierta mira
que es cierto lo que soñaba. (PC CXIV vv.113-120)

Machado y Freud

En Machado, la forma del sueño no oculta el fondo sino que, muy al contrario, lo revela. Machado no tiene ningún motivo para desconfiar del sueño, proyectando en él las estrategias, bien conocidas, de la conciencia normal: disfrazarse, salir por la tangente, esconderse. La meditación y la penetración en los símbolos del sueño son fecundas y útiles porque nos ponen en contacto directo con el fondo: en ellos se manifiesta. Es así como, cuando creemos en los sueños, cuando los valoramos, van convirtiéndose en vida, se realizan. Y la vida va transformándose en «sueño», es decir, pierde la pesadez «normal», su opacidad y mutismo tediosos, para convertirse en presencia de señales y mensajes, en lenguaje y comunicación. Las cosas del mundo de cada día pueden convertirse en «símbolos», las situaciones y circunstancias de la vida pueden convertirse en «parábolas» de aquello que está más allá de lo visible.

Estamos en el centro de la conciencia poética y de un mundo que ha dejado de ser mudo, aburrido y absurdo para transformarse en elocuente y significativo, pleno de «señas lejanas»:

> *... No, mi corazón no duerme.*
> *Está despierto, despierto.*
> *Ni duerme ni sueña, mira,*
> *los claros ojos abiertos,*
> *señas lejanas y escucha*
> *a orillas del gran silencio.* (PC LX).

Machado, en la última etapa de su vida, conoció la obra de Freud en una ya clásica traducción al castellano, publicada en 1926. Esto le permitió descubrir la distancia existente entre su experiencia y concepción del inconsciente y la de Freud. Llevó a la escena esta distancia en 1928, en una obra dramática escrita con Manuel: *Las Adelfas*. En dicha obra, una especie de psicoanálisis en verso, habla un psicoanalista, discípulo de Freud:

«... donde el poeta imagina... nosotros...» La creación artística y aquello que Freud llamó «conciencia oceánica», utilizando la expresión, para distanciarse, de su amigo y crítico Romain Rolland, son también fruto del inconsciente machadiano, lo cual Jung subrayó y reforzó con su propia ciencia: hay obras que brotan del inconsciente colectivo con autonomía propia. Esta contraposición entre el poeta y el psicoanalista es tan sólo la aplicación de una antigua intuición: ya en 1907 Machado comprendió, «en el profundo espejo de mis sueños», que el inconsciente se entrega por completo a la belleza y a la mirada del poeta, que no inspecciona sino que contempla, admira, respeta y ama. La vibración de la belleza propicia que la tímida profundidad se abra y se manifieste:

> *Leyendo un claro día*
> *mis bien amados versos,*
> *he visto en el profundo*
> *espejo de mis sueños*
> *que una verdad divina*
> *temblando está de miedo,*
> *y es una flor que quiere*
> *echar su aroma al viento.*
> *El alma del poeta*
> *se orienta hacia el misterio.*
> *Sólo el poeta puede mirar*
> *lo que está lejos*
> *dentro del alma, en turbio*
> *y mago sol envuelto. (...) (PC LXI)*

«Sólo el poeta puede...» Quizá no sea una exageración. Quizá la ciencia psicológica no tenga el monopolio del inconsciente: el inconsciente confía la llave que lo abre... al poeta y al poema. También alguien afirmó con una pizca de humor: «Canta y no te psicoanalizarás». La canción, el poema tienen, tal vez, la misma función que el sueño: poner en contacto la conciencia con el inconsciente. Por ello, en este poema conviene subrayar la relación mutuamente interpretativa del poema y del sueño. El poema nos lleva al sueño originario, al sueño como materia prima del poema, y lo ilumina. El poeta, situándose en el nivel de vibración de conciencia al que le lleva el poema, entra en sintonía con la región del sueño, con la profundidad, y capta su intención: la aparición de aquella verdad esencial, divina, que, confrontada con todos los autoritarismos religiosos, quiere brotar tímidamente, como flor de almendro en pleno invierno, temerosa de helarse. Es la verdad del centro, tan discreta como potente. En cambio, cuando se exterioriza y proyecta, cuando no se vive donde se ha de vivir, ocurre... una explosión nuclear. Así culminó la neurosis colectiva que se llamó Guerra Mundial, cuya primera parte vivió y padeció Rilke. Él fue el contrapunto. Y algo muy parecido le sucedió a Machado.

La energía central

Tal vez con los sueños ocurra lo mismo que con el átomo: lo mínimo, aparentemente indivisible (*á-tomo*, lo que no se puede dividir) de los cuerpos físicos. En nuestro tiempo, en busca de poder y de energía, porque quizá no hemos sabido encontrar una tarea mejor, lo hemos escindido. Y en vez de aparecer algo menos que aquello mínimo, ha surgido lo máximo: la energía nuclear. ¿No serán los sueños aquello mínimo donde comienza a aparecer lo máximo? ¿Cómo comparar la poderosa Razón, la omnipotente Voluntad de la conciencia, con los prescindibles sueños irracionales e involuntarios? Sin embargo, cuando la conciencia escucha con la mayor atención los mensajes de los sueños, cuando contempla y vuelve a contemplar sus imágenes, cuando revive sus emociones, cuando busca su interpretación (o mejor, adivinación), ¿acaso no brota una energía nueva, una luz íntima —aquella «luz del fondo»— ante la cual la aparente claridad, sin magia ni encanto, de la conciencia normal se muestra grisácea y tediosa?

Cuando el ser humano se obsesiona por lo «externo», por el progreso y por la técnica, buscando ansiosamente nuevas energías siempre exteriores, surgen o, mejor dicho, desaparecen, Hiroshima y Nagasaki y brotan las centrales nucleares y su amenaza más que potencial. Cuando el ser humano escucha sus sueños, a fin de «conocerse» y «curar la tristeza», después de mucho tiempo y de mucho humor y mucha paciencia, brota un mundo humano, un hombre nuevo, un mensajero de la profundidad, un anunciador del abismo, alguien que justifica toda una época. El callejón sin salida tiene, como mínimo, una salida: pasa por el sueño y por la profundidad.

El arma de los dictadores es la energía atómica. La de los poetas, las imágenes que surgen de los sueños. Estas imágenes mueven energías profundas, las que proceden del centro: la cara y la cruz de una misma moneda. Recuerdo la India y Ghandi: la independencia de la primera se inició con un sueño del segundo.

El sueño y el niño

De nuevo el niño se convierte en maestro del adulto: el valor del sueño como instrumento de conocimiento y de curación, Machado no lo aprendió en ningún manual de psicoanálisis, que por entonces no conocía, sino en un gesto espontáneo de su infancia. Al recordarlo, quizá porque no le permitieron entrar en el claustro del Palacio de las Dueñas, «donde madura el limonero», la memoria le entregó una de las claves de su vida. Lo explicó en uno de sus primeros poemas. Tal vez el primero de todos:

El limonero lánguido suspende
una pálida rama polvorienta,
sobre el encanto de la fuente limpia,
y allá en el fondo sueñan
los frutos de oro... (...)
Sí, te recuerdo, tarde alegre y clara,
casi de primavera,
tarde sin flores, cuando me traías
el buen perfume de la hierbabuena,
y de la buena albahaca,
que tenía mi madre en sus macetas.
Que tú me viste hundir mis manos puras
en el agua serena,
para alcanzar los frutos encantados
que hoy en el fondo de la fuente sueñan...
Sí, te conozco, tarde alegre y clara,
casi de primavera. (PC VII)

Comprendí estos versos, hace ya muchos años, ante aquel limonero que se mira en el fondo de un pozo, en Collioure, justo frente a las habitaciones donde murió Machado: decidirse por los frutos del fondo, los soñados, que se reflejan en lo más profundo, allá donde está el agua quieta, darles más valor de realidad que a aquellos que colgaban, del todo reales, de la rama del árbol, es el gesto espontáneo del niño, cuyo recuerdo refuerza la opción del adulto que quiere aprender el arte de vivir y de reencontrarse. Es en el fondo donde se revela la esencia y la posibilidad, el encanto; en él se anuncia, sugerido, el más allá de todo.

Y aquella tarde «recordada», al entregar el recuerdo esencial que será guía y orientación, se vuelve «conocida»...

Soñar, recordar, trabajar y disfrutar el sueño es recuperar la actividad específica del niño, es regresar a la infancia, cuando el ser humano estaba aún empapado de origen, todo él pleno de gracia y de misterio. Trabajar el sueño es retornar al Paraíso perdido, porque la región de los sueños era una sola cosa con el niño. El sueño, como el juego y el cuento, le son connaturales. Cuando se vive con niños y ellos nos explican sus sueños, ¡cuánta advertencia y cuánta orientación para el propio camino! Machado lo expresó en un poema infinitmente sutil:

> *El hada más hermosa ha sonreído*
> *al ver la lumbre de una estrella pálida,*
> *que en hilo suave, blanco y silencioso*
> *se enrosca al huso de su rubia hermana.*
> *Y vuelve a sonreír, porque en su rueca*
> *el hilo de los campos se enmaraña.*
> *Tras la tenue cortina de la alcoba*
> *está el jardín envuelto en luz dorada.*
> *La cuna, casi en sombra. El niño duerme.*
> *Dos hadas laboriosas lo acompañan,*
> *hilando de los sueños los sutiles*
> *copos en ruecas de marfil y plata. (PC LXXXII)*

El sueño, el símbolo y lo sagrado

> *Un día volverán con luz del fondo ungidos*
> *los cuerpos virginales a la orilla vieja*

exclamó, tras la muerte de Leonor, Antonio Machado. «Luz del fondo», «unción», y antes en Soledades, «hondo cielo», «colmena», «flor divina», son expresiones que caraterizan su visión del inconsciente. Este «mar» del que se siente «hijo» y con el que, soñado, tanto le gustaba jugar, es aquello que nos constituye y que él no dudaría en calificar de «divino». «En Él nos movemos, somos y existimos», anunciaba un místico, ya convertido a la inocencia y plenitud de la vida. Este «mar» es condición de posibilidad para la experiencia suprema:

Dios no es el mar, está en el mar... (PC CXXXVII)

Por ello los sueños son «ángeles», es decir, mensajeros de la profundidad creadora y feliz −«hondo cielo»− a la conciencia, con el fin de crear y experimentar, gracias a este contacto, la expansión de conciencia y el camino hacia el gozo de ser. Cuando el inconsciente no encuentra «conciencia», tampoco encuentra gozo. Por ello le urge tanto comunicarse y entregarse. He aquí el porqué de tantos callejones sin salida, de vidas aparentemente tan difíciles y sufrientes. Otra vez y en otro tiempo, el ángel continúa luchando con Jacob toda la noche.

Por ello es preciso subrayar tanto la importancia y la seriedad de los sueños como su aspecto juguetón y mágico. También por ello se explica su desvalorización social en la cultura presente: una situación que está a punto de cambiar. La Biblia está llena de sueños: la cultura y la religión de Occidente, en cambio, los han descuidado y arrinconado, igual que han descuidado y arrinconado todo aquello que proviene del inconsciente profundo.

Resulta muy sorprendente y paradójico que un científico judío, Freud, psiquiatra y ateo, les otorgara un gran valor como herramienta de autoconocimiento: y si no nos conocemos, ¿por qué conocer otras cosas? No es, pues, de extrañar que un dramaturgo contemporáneo haya escenificado a «Dios» visitando medio de incógnito a Freud y negándose, en cambio, a visitar a sus «admiradores»... Este Occidente nuestro, tan lleno de facultades universitarias y teológicas, no tiene ninguna especializada en la interpretación de los sueños. Y quizá porque esta sociedad nuestra ya no sueña, porque ya no puede sentir el contacto mágico con lo onírico, ha aparecido, como compensación y sucedáneo, la droga. Los sueños nos liberan de la peculiar alucinación y de la pesadilla de la normalidad cosificada y objetivante. Perdida la esperanza de regresar al paraíso, porque se han extraviado los caminos que a él conducían, tan sólo nos quedan los paraísos artificiales.

La ausencia del sueño como valor y eje de la cultura y de la religión colectiva explica el naufragio del individuo y de la colectividad en un océano de imágenes, ninguna de las cuales le resulta, en principio, propia. Este bombardeo procede de la ausencia de imágenes nuestras, íntimas, aquellas que nos son exclusivas y que nos liberan desde dentro del anonimato y del rebaño, que nos adentran en el mundo propio y en su universo específico, imágenes a través de las cuales la vida nos escoge y nos llama, anunciándonos identidad y misión. Mediante estas imágenes, que son «creación», podemos intuirnos autónomos y creadores. Y no sólo como individuos, sino también como «pueblo» y pueblos.

El símbolo

Estas imágenes no son signos ni conceptos. Son símbolos. En el signo —por ejemplo, un letrero en la carretera— el significado no está presente. En cambio, en el símbolo, una imagen llena de emoción y energía, se manifiesta aquello que ya no se puede decir ni tocar de otro modo. En esta imagen, plena de sentido y fuerza, instantánea, el misterio, el absoluto, la grandeza que corresponde a todo ser humano, se deja escuchar, ver, tocar. Y ello ocurre porque en el símbolo coinciden y se unen consciente e inconsciente, superficie y fondo, sentidos y mente, cuerpo y alma, presencia y fuerza, milagro y realidad, hecho y sentido.

Gracias al símbolo nos liberamos de la tiranía de los conceptos; intuimos, captamos lo inefable y misterioso. Y la conciencia, atraída, seducida, arrebatada, retorna, feliz y dilatada, a la profundidad y al origen. En el símbolo, la energía y la fuerza de lo profundo penetran luminosamente mediante la imagen en la conciencia. En el símbolo se refleja el «yo» profundo para ser visto y oído. En el símbolo misteriosamente se manifiesta, se deja conocer y reconocer. Por ello, un sueño es un acontecimiento importante, por no decir esencial, para quien lo tiene, una invitación y una apertura hacia el retorno y el gozo perdido. Es como recibir la carta de una persona muy querida y alejada, escrita en un idioma que no conocemos. Si no la entiendo, la conservaré e intentaré encontrar a alguien que pueda hacerme comprensibles las palabras y la sintaxis. Pero su significado sólo podré captarlo yo, destinatario del sueño.

Por eso mismo el conjunto de los sueños de una persona es un tesoro que se incrementa cuando de nuevo es evocado: un mismo sueño puede tener diversos significados en diferentes situaciones y en diferentes niveles de conciencia. Ocurre lo mismo con un poema, con la relectura de un libro, al volver a ver una película que nos afectó profundamente. Evocados repetidamente en distintas etapas de la vida, suscitan sentimientos, descubrimientos, visiones y anhelos nuevos. Así sucede también con los seres que proceden del sueño y del símbolo, con los clásicos propiamente dichos. Las antiguas mitologías, los infantiles cuentos de hadas, por la presencia de los símbolos que en ellos habitan, se transforman en verdaderos vislumbres del alma.

Los sueños, al parecer, vienen del otro lado de la conciencia, de aquella región que se encuentra ya en la «otra orilla», de aquella Vida que está más allá de la muerte. No es alucinación, ni tan sólo fruto del deseo, la aparición en ellos de los difuntos, como tampoco lo es la existencia de sueños telepáticos entre los vivos, verificables de forma relativamente fácil. Por ello, la gran poesía es a menudo órfica, ha atravesado las puertas del Hades o se inspira en la presencia de los muertos: esto sucede, por ejemplo, en La Divina Comedia y en el Nuevo Testamento, considerado éste, y así lo es, como un conjunto de poemas, testimonios y confidencias. Ciertamente sucede en los Réquiems, en las *Elegías de Duino* y en los *Sonetos a Orfeo* de Rilke, en *Campos de Castilla* y en la poesía de Màrius Torres. En todo aquello que contiene la fuerza iluminadora del símbolo se reencuentran también los vivos y los muertos. Trabajando los sueños podemos acceder a aquella dimensión en que se experimenta la propia inmortalidad. Como afirma la tradición analítica junguiana:

> *La experiencia del centro proporciona el sentimiento de hallarse arraigado en lo más profundo de la propia intimidad, sobre un fundamento firme, sobre una parcela de íntima eternidad, incluso invulnerable para la muerte física.*[14]

Lo que hace falta, sobre todo, es «adivinar» el sentido del sueño, que es tal vez el sentido oculto de «mi» existencia, su se-

---

14. *Véase Jung,* de Marie Louise von Franz (Ed. Fondo de Cultura Económica, 1982), p. 67.

creto, trasladarlo de la esfera profana al ámbito «divino» de la Conciencia Universal, donde todo se relaciona con todo. Allí las imágenes se transfiguran en verdaderas parábolas del Misterio. Entonces se deja captar, aspirar, palpar con unos sentidos diferentes, más sutiles, pero no menos verdaderos ni certeros que los sentidos ordinarios:

> *... de este modo* –dice Machado– *los pucheros por donde Dios anda son más bellos que las porcelanas de Sèvres.*

En el santuario interior de quien sueña –el único santuario no debido a mano humana–, el sueño puede resonar como aquella «palabra de lo Absoluto» que algunos pretenden proclamar en los templos, ante un público entre encogido y distraído, más educado que atento, cuyos sentidos, no preparados, no iniciados, no captan la vibración ni el sabor de lo profundo. El público asistente no sale de su tedio, más bien lo incrementa.

Qué diferencia, en cambio, cuando, sensibilizado por el trabajo con los sueños o, en general, por cuanto proviene del inconsciente, se escuchan aquellas palabras que, puesto que son verdaderas hijas del ser humano, surgidas de sus profundidades, brotan también de la hondura de lo divino:

> *Mientras la sombra pasa de un santo amor, hoy quiero*
> *poner un dulce salmo sobre mi viejo atril.*
> *(...)*
> *Al grave acorde lento de música y aroma,*
> *la sola y vieja y noble razón de mi rezar*
> *levantará su vuelo suave de paloma,*
> *y la palabra blanca se elevará al altar.* (PC XX)

Estos textos, con frecuencia litúrgicos, que pertenecen a las tradiciones espirituales históricas, han surgido a menudo de la misma región de los sueños y resuenan con fuerza y profundidad en el ámbito descubierto y labrado por quien ha soñado. Estas palabras pueden conmover e interpelar: son como una repetición, en la historia colectiva, de las imágenes íntimas y singulares de la propia biografía. No hay dualidad entre biografía e historia:

> *En Santo Domingo,*
> *la misa mayor.*
> *Aunque me decían*
> *hereje y masón,*
> *rezando contigo,*
> *¡cuánta devoción!* (PC CLIX, XII)

dijo el Machado soriano, enamorado de Leonor. Y muchos años después, ya en Segovia:

> *No el sol, sino la campana,*
> *cuando te despierta, es*
> *lo mejor de la mañana.* (PC id. LXXXII)

El sueño despierto de Soria

> *Tras el vivir y el soñar,*
> *está lo que más importa:*
> *despertar.* (PC CLXI, LIII)

En 1906 Antonio Machado, acuciado por la precaria situación familiar y personal, deja atrás el proyecto de encontrar un empleo en el Banco de España y, aconsejado por Giner de los Ríos, prepara unas oposiciones, que no requerían estudios universitarios, a cátedra de francés de instituto. Quevedo y Fray Luis, traducidos a la lengua del país vecino, le permiten ganar las oposiciones. Escoge la vacante de Soria, que obtiene por Real Orden el 16 de abril. El 4 de mayo llega en tren a la ciudad que acogió también a Bécquer, una ciudad pequeña con siete mil habitantes y con algunos diarios y revistas. La estancia será corta pues no quiere examinar a quienes no ha enseñado. Va de la estación al centro de la ciudad en un coche tirado por caballos, destartalado pero bien provisto de alegres cascabeles. Le llamaban «La Pajarilla».

Machado experimenta una extraña sensación: el paisaje se le ofrece, los sentidos se le encienden. Y brota el poema:

(...) Pasaron del blanco invierno,
de nevascas y ventiscas los crudos soplos de infierno.
Es una tibia mañana.
El sol calienta un poquito la pobre tierra soriana.
Pasados los verdes pinos,
casi azules, primavera
se ve brotar en los finos
chopos de la carretera
y del río. El Duero corre, terso y mudo, mansamente.
El campo parece, más que joven, adolescente.
Entre las hierbas alguna humilde flor ha nacido,
azul o blanca. ¡Belleza del campo, apenas florido,
y mística primavera!
¡Chopos del camino blanco, álamos de la ribera,
espuma de la montaña
ante la azul lejanía,
sol del día, claro día!
¡Hermosa tierra de España! (PC IX)

Machado, el soñador de *Soledades, Galerías y otros poemas*, libro que acaba de concluir y está a punto de publicar, el hombre que, para evocar sus sueños tenía que cerrar los ojos y apartarse del ajetreo exterior, ha tenido una visión que equivale a un sueño; un sueño, sin embargo, para el que no es preciso cerrar los ojos, sino, muy al contrario, mantenerlos bien abiertos.

Esta dilatación de la conciencia, este incremento de energía, bienestar y apertura de los sentidos, son señales lo suficientemente claras de que el inconsciente ha hablado. Es justamente en Soria donde lo quiere su destino, allí tiene una cita. Hay en Soria una promesa de realización de aquel primer anhelo y de aquella exigencia de *Renacimiento*: «¡mística primavera!» La experiencia no puede ni debe olvidarse. En las palabras e imágenes del poema se muestran los símbolos; se vislumbra también un porvenir o, mejor, una «adolescente», una «flor»,una «azul lejanía»... La tierra, la tierra que lo hará suyo en unas bodas blancas de gozo y rojas de sangre, le deslumbra por su belleza. De ahora en adelante, Machado se verá a sí mismo también en el paisaje. Estamos en el núcleo esencial de *Campos de Castilla*.

Machado acaba de hacer un descubrimiento importante: el inconsciente no habla sólo en sueños que proceden del dormir. Habla también al individuo que tiene los ojos abiertos, porque quiere comunicarse de todas las formas posibles. Machado había comenzado ya la sección que lleva por título *Humorismos, fantasías y apuntes* con aquel poema que habla de una «mula vieja», cuya tediosa tarea era mover una noria, en un círculo más indefinido que infinito: la indefinida repetición monótona y aburrida.

Afortunadamente el animal, por obra de un «divino poeta», tenía los ojos vendados. De esta forma se le suscita, junto a «la amargura de la eterna rueda»,

la dulce armonía
del agua que sueña. (PC XLVI)

He aquí la situación del ser humano «dormido», inmerso en el rebaño, en la noria absurda de la existencia. Con los ojos vendados, en sus sueños, puede presentir otro mundo, hecho de belleza y armonía. Ahora bien, esta situación no es definitiva: la misma sección del libro acaba con otro poema impresionante, en el que aparece también la noria, ahora vacía, y de donde ha desaparecido el animal de los ojos vendados. Los ojos están ahora bien abiertos:

¿Mi corazón se ha dormido?
Colmenares de mis sueños,
¿ya no labráis? ¿Está seca
la noria del pensamiento,
los cangilones vacíos,
girando, de sombra llenos?
No, mi corazón no duerme.
Está despierto, despierto.
Ni duerme, ni sueña, mira,
los claros ojos abiertos,
señas lejanas y escucha
a orillas del gran silencio. (PC LX)

De hecho, tanto el sueño como el soñar con los los ojos cerrados apuntaban hacia otra dimensión: la de volver a abrir los ojos, contemplar —mirar— un mundo nuevo y escuchar...

el silencio, escuchar lo que no tiene palabra, pero de donde proviene toda palabra plena; lo que no tiene forma, pero de donde proviene toda forma bella. Muchos años más tarde, Machado escribiría:

> *Hay que tener los ojos muy abiertos para ver las cosas como son; aún más abiertos para verlas otras de lo que son; más abiertos todavía para verlas mejores de lo que son. Yo os aconsejo la visión vigilante, porque vuestra misión es ver e imaginar despiertos y que no pidáis al sueño sino reposo... Así cantaba un poeta para quien el mundo comenzaba a adquirir una magia nueva. Porque el mundo es lo nuevo por excelencia, lo que el poeta inventa, descubre, a cada momento...* (JM I, c. XIV)

La conciencia, gracias a su actividad onírica y adivinatoria, se ha transformado y sensibilizado. Ha dejado de filtrar la realidad, cerrando el paso a lo que no le convenía y dando vía libre tan sólo a lo que la halagaba y sostenía. La realidad de la conciencia se va convirtiendo en conciencia de realidad. Entonces el ser humano comienza a ser el que es:

> *La conciencia cogida en su propia fuente sería conciencia integral... El pindárico «sé el que eres» es el término de este camino de vuelta, la meta que el poeta pretende alcanzar.* (De un Cancionero apócrifo)

Dicho de otra manera, recordando la parábola inicial: el león inconsciente no habla a la conciencia del falso cordero sólo en sueños. La conciencia puede estar atenta, esperando la aparición de su realidad de león, auténtica (y, por eso mismo, feliz). Al león le interesa mucho comunicarse. Arriesga su ser y su vitalidad, y se esfuerza en mostrarse de todas las formas posibles a la conciencia, torpe y mermada, causa de honda infelicidad y desdicha. El león se incomoda al tener que soportar el comportamiento de cordero de la conciencia. Y se lo hace saber a través de la angustia y el malestar: «Suele el hombre vivir crucificado sobre su propia vanidad, literalmente asado sobre las ascuas de su negra honrilla...», recuerda Machado.

Una de las formas de aparición del inconsciente en la conciencia vigilante es, pues, el sueño que se tiene despierto. También lo son la frustración, la vivencia del absurdo y el azar, es decir, la coincidencia significativa. Con estas formas de aparición se construye aquella conversación esencial «con el hombre que siempre va conmigo». Estudiémoslas de cerca.

El diálogo con el inconsciente: el sueño despierto

Hay momentos en la vida en que parece que uno sueña despierto. Todo se vuelve mágico, cambian la atmósfera y la experiencia del tiempo y del espacio. Todo se vuelve preciso, lleno de contenido, de ligereza; los sentidos se abren, la percepción se incrementa, la mente se ilumina. Todo ello son señales de que algo, cuya importancia es decisiva, acaba de comenzar. Puede suceder al inicio de una relación, de unos estudios, de una secuencia de la vida en que lo profundo interviene. Se trata de un sueño despierto, que dura un tiempo más o menos corto, más o menos largo. Puede prolongarse por unas horas o por unas semanas, aunque parezca que el tiempo haya dejado de existir.

El sueño despierto seguramente sucede en cualquier vida humana. Pero a menudo es malinterpretado. Uno piensa: «Si esto es el comienzo, ¡cómo será después!» Pero no, lo que viene inmediatamente después cae en el tiempo y muy a menudo se convierte en lo contrario de lo anterior: uno se siente torpe, difícil, pesado, agarrotado... ¿Qué ha ocurrido? Simplemente que en el sueño que uno tiene despierto se vive abreviada, simbólica y sinópticamente el camino que aún no se ha iniciado; se vive anticipada y emocionalmente el resultado, la meta de este camino. Uno ha subido a una montaña y lo contempla todo. Se experimenta aquel incremento portentoso de energía y de sentido que delata la presencia de las bodas de consciente e inconsciente bien acoplados, y la totalidad e integridad que de ello procede.

A menos que, traicionándonos, renunciemos a esta experiencia transfiguradora, nunca podremos dudar de ella, porque la hemos vivido despiertos por completo. Pero es tan sólo una promesa vivida. Anticipadamente se ha experimentado el resultado final de aquel camino. Verdaderamente uno ha alcanzado la cima de la montaña. Mas en el momento siguiente, uno se encuentra en lo más hondo del valle, al inicio del camino, inmerso ahora en el tiempo que le ha de llevar hacia aquella cumbre vivida en el sueño despierto.

Seguramente el sueño despierto ha sido dado porque el camino será difícil, áspero, habrá que vencer resistencias que parecerán invencibles... e insoportables. Será un camino iniciático, como el de los héroes, desprovisto, sin embargo, de heroicidad y rebosante de humanidad. Por ello este sueño despierto habrá que recordarlo, habrá que contemplarlo y sentirlo de nuevo, habrá que creer en él, para así reavivar la esperanza y renovar la energía:

Si quien ha tenido el sueño despierto lo utiliza de esta forma, es decir, si se deja «poseer» por él, si lo cultiva, si lo recuerda, si lo renueva, podrá continuar el camino hacia aquella futura meta vivida, aparentemente, en el pasado: aparentemente, porque en realidad flotaba por encima del tiempo.

Renegar de aquel sueño, traicionarlo, renunciar a la promesa que comportaba y comporta, dejarse vencer por el desánimo, querrá decir –y lo sabe– renegar de sí mismo, traicionarse, renunciar a lo más esencial que le constituye y le hace crecer. Tal vez perderse. Porque en el sueño que tenemos despiertos se muestra la realidad a la que tendemos con una voluntad más encarnizada que la voluntad consciente. En este sueño se muestra la esencia, aquello que estamos llamados a ser y que aún no somos. Mantenerse fiel a este sueño y soportar su deformación exige del propio inconsciente toda la paciencia y, al mismo tiempo, la ejercita. Sin este soñar despierto, cosa muy diferente a vivir de ilusiones, ¡qué oscura, aburrida, opaca puede aparecer lo que llamamos la realidad! Digna de la masa, sí, pero no del ser único que cada uno es.

Así pues, aquellas situaciones que se han presentado inesperadamente y en las cuales nos hemos ensanchado, plenos de vida, son los momentos en que, al cachorro de león, que no se encuentra bien porque se identifica con los corderos del rebaño, le ha sido prometida su identidad de león. Estas situaciones, que se manifiestan como «me parece que estoy soñando», en que se realizan cosas que están más allá del deseo, necesidades que parecían imposibles de formular y de satisfacer, situaciones en que todo se ha transfigurado y la realidad se muestra ligera, oportuna, exacta, feliz... para desaparecer inmediatamente después, tienen a la luz del recuerdo el mismo valor que los sueños que nos vienen al dormir. Somos todos los elementos de aquella situación. Día, hora, circunstancias, objetos, personas son significativas, son, o pueden ser, símbolos referidos al símbolo supremo: uno mismo, pleno y feliz.

Reconocemos entonces que aquella felicidad nadie nos la daba, que estaba en nosotros y que de nosotros brotaba. No procedía del objeto. Brotaba del ser mismo de quien soñaba. Si evocamos aquella situación en paz y tranquilidad, con el afecto y la emoción despiertos, volvemos a vivir aquella dicha y la actualizamos. Aquella dicha recordada está presente (presente ahora porque se experimenta), nos liberamos de la añoranza, constatamos que nuestro ser es gozoso. Y presentimos que en aquella situación inicial, en aquel sueño despierto, se condensaba el sentido y el objetivo de lo que ahora, penosa o rutinariamente, tal vez amargamente, vivimos. Allí se anticipó la meta del camino por el que vamos, y su dicha puede acompañarnos en situaciones difíciles o frustrantes.

Al no utilizar esta magnífica herramienta que nos ha sido dada, llegamos a aquellas nefastas situaciones de ruptura o de rutina, situaciones que cortan el árbol antes de recoger el fruto, y se producen aquellas huidas, cuya meta no es la plenitud sino el vacío de la nada. La fidelidad al recuerdo alimenta la esperanza y nos arraiga.

Conviene, pues, creer en ello. Este tesoro vivido ha quedado enterrado. Pero sigue ahí, hechizando todo el terreno. Hace falta escarbar y excavar la tierra de la memoria por dura y reseca que esté.

Así actuaban los profetas de Israel en el exilio de Babilonia. Recordaban a los deportados un sueño despierto: la liberación de Egipto. Cuando el mar se abrió, fueron alimentados milagrosamente y llegaron exactamente a la tierra prometida, después de atravesar el desierto. Al pueblo se le pide fe, es decir, fe en lo vivido, que va más allá de cualquier creencia, representación, imagen o doctrina. Al recordar el sueño despierto, que siempre se da en una situación determinada, esta situación deja de ser una anécdota para convertirse en símbolo de la totalidad. Todo es éxodo y liberación hacia un paraíso perdido, hacia una tierra prometida. Este sueño despierto, la salida de un Egipto opresor, explica el actual estado de Israel, después de dos mil años de diáspora. Paciencia, constancia, fortaleza del inconsciente, que alcanzan a quien se mantiene fiel a su sueño:

Todo el que aguarda sabe que la victoria es suya

constata Machado.

La Biblia comienza con un sueño despierto: el paraíso que, no sabemos cómo ni cuándo, un día fue vivido. Es el paraíso de la no dualidad, de la no separación entre el ser humano y el Todo, entre el hombre y la mujer en perfecta desnudez y sin sentir vergüenza, entre el ser humano y la tierra. Este paraíso-jardín, vivido y perdido, acompaña cada una de las páginas del Antiguo Testamento y vuelve a aparecer en aquel huerto donde se reencuentran, al final del poema de Juan, un hombre y una mujer, un resucitado y la mujer que le amaba, y ello ante una tumba abierta por donde puede pasarse, entrar y salir.

También los escritos del Nuevo Testamento, tan echado a perder a fuerza de mal utilizarlo, son testimonio de un sueño despierto de los «primeros», vivido por Jesús y sus discípulos, después y antes de su muerte, cuando el milagro era posible, cuando había armonía entre aquellos hombres y aquellas mujeres, cuando brotaba el interés más hondo y la despreocupación total por la realidad, cuando comunicarse era posible y real, y la eternidad se daba aquí y ahora, quitando toda preocupación por el mañana. Para interpretarlo hay que olvidarse de la doctrina, de la práctica y de la moral «cristianas». Pertenece al terreno de lo onírico, mágico, poético, al proceder del sueño despierto...

> *El hombre que no sueña,*
> *el enemigo espejo*
> *proyecta nuestra imagen*
> *con un perfil grotesco...*

dice Machado... Qué perfil tan grotesco de la Biblia, gran poema de la humanidad, han dado las iglesias cristianas por haber olvidado el sueño, por haber marginado a los poetas-profetas, por haber reprimido el inconsciente y, con él, el Espíritu. Justamente el Nuevo Testamento es fruto del gozo sentido e inicial que acompaña a lo largo de un camino que puede ser un verdadero viacrucis, a causa de todo aquello que hemos reprimido y olvidado, y se refiere no a una religión sino a la vida humana entera, llamada a la Vida y que, tal vez, se experimenta en la hora de la muerte. Este sueño despierto ha de referirse al nuevo éxodo y a la nueva libertad del ser humano, de todo el ser humano, cuerpo, alma y espíritu, sometido a la esclavitud por los poderes de este mundo: liberación del ser humano reprimido en sus potencias por el miedo a estos mismos poderes.

Estos sueños bíblicos (gran lector de la Biblia fue Machado, sobre todo en Segovia) anticipan, amplifican, universalizan los sueños que tenemos despiertos. Con todo, no pueden sustituirlos. Lo íntimamente onírico y feliz no se yuxtapone (como hacen los «creyentes»), ni se contrapone (como hacen los «no-creyentes») con el sueño de Israel, ni con el sueño de la primera generación evangélica. Unos y otros se confirman y apoyan mutuamente. Ambos (¡ambos!) tienen la misma autoridad, toda la autoridad del sueño y de aquello que brota del profundo inconsciente.

Evocar este tipo de sueños significa ampliar el espíritu y abrirse a una dicha mayor. También aquí vale más un momento feliz, muchas veces revivido y contemplado abundantemente, que muchos momentos felices rápidamente consumidos y olvidados, y nunca revividos o profundizados. Basta con un solo momento feliz para limpiar y «redimir» una vida: en aquel instante feliz conectamos con el centro: «Aquel hombre o mujer que allí fuiste, eres tú».

Al llegar a Soria, Machado tuvo un sueño despierto. Aquel sueño inicial volvió a repetirse en formas, símbolos y circunstancias muy diferentes, precisamente otro 4 de mayo, el día que se cumplían cinco años de su entrada en Soria. Estaba acompañando la enfermedad terminal de su esposa: una adolescente que aún no había cumplido los diecinueve años.

Machado, fumador empedernido, ha dejado de fumar. Come con los mismos cubiertos de su mujer, tuberculosa, para contagiarse de la enfermedad. Cree que no va a tener fuerzas para soportar su pérdida y quedarse solo. Pero aquel día en que vuelve a sentirse profundamente desgraciado, tiene el sueño despierto: los sentidos se abren, la emoción le trastorna, la profundidad le habla. Se ve como en un espejo en aquel olmo cercano al cementerio, viejo, habitado por telarañas, «hendido por el rayo», «carcomido». A este árbol, sin embargo, le han nacido milagrosamente, inesperadamente, unas hojas verdes. No está muerto, vive, continúa viviendo:

> *... olmo, quiero anotar en mi cartera*
> *la gracia de tu rama verdecida.*
> *Mi corazón espera*
> *también, hacia la luz y hacia la vida,*
> *otro milagro de la primavera.* (PC CXV)

El milagro que esperaba no se produjo: Leonor murió tres meses después, el primer día de agosto de aquel mismo año. Sin embargo, Machado no renunció a su sueño que le mostraba la otra cara de la situación trágica que vivía, anunciándole que vendría «otro milagro de la primavera». No destruyó el poema, considerando el sueño como una mentira o un engaño, sino que lo publicó en una nueva edición de *Campos de Castilla*.

Y el sueño se realizó seis años después en Baeza. Tras el duelo, el rebrote de su propio ser, una oleada de vida y calidez fueron el origen de un poema que precisamente tituló *Primaveral*:

Nubes, sol, prado verde y caserío
en la loma, revueltos. Primavera
puso en el aire de este campo frío
la gracia de sus chopos de ribera.
Los caminos del valle van al río
y allí, junto del agua, amor espera.
¿Por ti se ha puesto el campo ese atavío
de joven, oh invisible compañera?
¿Y ese perfume del habar al viento?
¿Y esa primera blanca margarita?...
¿Tú me acompañas? En mi mano siento
doble latido; el corazón me grita,
que en las sienes me asorda el pensamiento:
eres tú quien florece y resucita. (PC CLXVII)

El diálogo con el inconsciente: la frustración

Fui la piedra y fui el centro.
Y me arrojaron al mar.
Y mi centro vine a encontrar.
Anónimo

Soria fue para Machado el inicio de su nueva profesión, profesor de francés que se reencontraba con Rimbaud, Baudelaire, Verlaine... y especialmente con Oscar Wilde y su elogio del dolor. Fue también el encuentro con una ciudad, como tantas, adormecida, con su gente, su analfabetismo y algunos literatos y poetas. Pero Soria fue, sobre todo, el encuentro con aquella chiquilla que le enamoró en cuanto la conoció el 21 de setiembre de 1907, día de fiesta en la ciudad. Desde entonces la orilla del río con sus árboles llenos de inscripciones de amor fue la ruta por la que Antonio paseaba y desde donde contemplaba los juegos de Leonor con sus amigas en la otra orilla:

He vuelto a ver los álamos dorados,
álamos del camino en la ribera
del Duero, entre San Polo y San Saturio,
tras las murallas viejas
de Soria...
Álamos del amor que ayer tuvisteis
de ruiseñores vuestras ramas llenas... (PC CXIII, VI)

Se casaron el 30 de julio de 1909 en la iglesia de Nuestra Señora la Mayor. Aquel día de exhibición y padecimiento acabó en el tren que les llevaba a Zaragoza y Barcelona, donde les esperaba Manuel. Al llegar a la capital aragonesa supieron que las comunicaciones con Barcelona estaban cortadas. Eran los días de la huelga general y de la Semana Trágica. Tomaron rumbo entonces hacia Pamplona y Fuenterrabía donde, junto al mar, pasaron el resto del verano. Acompañado, dulcemente cogidas las manos, Machado volvía a contemplar el mar, después de muchos años:

... mi corazón y el mar.

Lo que Machado vivió en compañía quedó reflejado años más tarde en unos versos dirigidos a unos novios que acababan de casarse:

... De hoy más sabréis, esposos,
cuánto la sed apaga el limpio jarro,
y cuánto lienzo cabe
dentro de un cofre, y cuántos
son minutos de paz, si el ahora vierte
su eternidad menuda grano a grano... (PC CLXIV)

Machado había anhelado volver con Leonor a París para recorrer con ella aquellos paisajes urbanos tan queridos, ahora que sentía que todo cambiaba en su interior, para ir al Colegio de Francia y escuchar a Bergson, para escribir.

Y así, en un hotel de Saint Germain, en la calle Perronet, Leonor se quedaba sola sin saber nada de francés –tal vez algún «oui» medio canturreado para emitir señales de vida–, o paseaba por el barrio, mientras esperaba a Antonio para ir a la «Place des Vosges» a escuchar el murmullo de la fuente y sentir la presencia de Victor Hugo, que allí vivió, o para contemplar el crepúsculo mirando el ábside de Notre Dame... Tal vez la añoranza de Soria, el frío húmedo de París, el sentirse extraña provocaron el síntoma inequívoco de la enfermedad, aquel vómito de sangre la noche del 13 al 14 de julio, la gran fiesta de la ciudad. Y ya vemos a Antonio caminando ansioso, con el corazón en un puño, el cuerpo en tensión, conteniendo el llanto, «en la noche de fiesta», buscando un hospital para su esposa, «como niño perdido».

Habían marchado un 12 de enero de Soria y regresaron el 15 de setiembre del mismo año, el 1911. Desolación, tristeza que ya no podía compartir, amargura, desasosiego, paseos por la Cuesta del Mirón con una muchacha de diecinueve años en silla de ruedas, tratando de alejar a los niños que querían acecarse a ella, para evitar que se contagiaran. Un día, la visión de aquel árbol seco y viejo pero florecido, le devolvió la vida y las ganas de escribir un poema... Y hubo aquel otro sueño, recogido en un poema de sol, miel, colmena y fuente, tan feliz, tan intensamente feliz en medio de aquella tristeza...

A finales de julio de 1912 recibe con mucho retraso la primera edición de *Campos de Castilla*. Se lo dedica a Leonor. Una semana más tarde, el primer día de agosto la realidad habló, rompiendo ya definitivamente todos los sueños. En la casa de la plaza Teatinos, murió Leonor:

Mi niña quedó tranquila,
dolido mi corazón...

El 3 de agosto, aniversario de la marcha de Cristóbal Colón hacia la redondez de la tierra desde el lugar donde Machado había visto el mar por primera vez, enterraba los restos de su esposa en el Espino, muy cerca del muro. Comenzaba su camino hacia los muertos, hacia la cara oculta de la luna, hacia la redondez de una existencia que ahora parecía hecha trizas, destruida, arruinada. Una semana después abandonaba Soria para no volver nunca más: «¡El muro blanco y el ciprés erguido!»

¿No había probado el dulce sabor de la profundidad al llegar a Soria cinco años antes? ¿No había sentido una felicidad indecible justamente allí? Entonces, ¿por qué aquel mar enfurecido de dolor y desesperanza? ¿Su destino le había engañado? Soria, sí, fue para Machado la cara y la cruz de la vida: una felicidad que nunca había descubierto y un dolor agudo imposible de soportar:

Cuando perdí a mi mujer —escribió a Juan Ramón Jiménez— pensé en pegarme un tiro. El éxito de mi libro me salvó, y no por vanidad, ¡bien lo sabe Dios!, sino porque pensé que, si había en mí una fuerza útil, no tenía derecho a aniquilarla.

Y escribe a Unamuno:

La muerte de mi mujer dejó mi espíritu desgarrado. Mi mujer era una criatura angelical segada por la muer-

Al final encontró lugar y trabajo en Baeza como catedrático de francés del Instituto de la antigua, muy antigua, Salamanca andaluza. El primer día de noviembre de 1912, el mismo día que Rilke entraba en España, tomó posesión de la cátedra. Y continuó el duelo en aquel piso sobre una panadería y frente por frente al Ayuntamiento, antes antigua prisión, de la ciudad. Cada tarde iba en dirección a Úbeda, la ciudad andaluza donde fue a morir Juan de la Cruz, a nueve kilómetros de distancia, «a comprar cerillas». A medio camino se sentaba, entre olivos, a la sombra de una negra encina. Meditaba, callaba, miraba, consideraba su perplejidad, su asombro, recomponía poco a poco una existencia troceada, desgarrada, absurda:

«Cuando perdí a mi mujer pensé en pegarme un tiro»... La tragedia individual se parece tanto a las tragedias colectivas: unas son grandes por su magnitud, ¡las otras por su intensidad! Lo había dicho y escrito en Soria aquel 2 de mayo de 1908:

Los últimos años de la vida española han cambiado profundamente nuestra psicología. Acabamos de cosechar muy amargos frutos. Y el recuerdo de nuestro reciente

Machado tenía que hacer el duro aprendizaje de volver a sí mismo, de recibir agradecido la felicidad que había vivido con Leonor, causa actual de su dolor, y la intensidad del amor, la armoniosa sencillez de vivir y convivir con aquella muchacha alegre, dulce, atenta... Pero todo lo feliz, armonioso, que con ella había vivido, había surgido de él. Tenía que reencontrarse, recibirse, agradecerse, quererse, prescindiendo de aquellos ojos dulces, inolvidables. Y una vez se hubiera reencontrado, volver a mirarlos, pero como quien viene de una fiesta y no de la necesidad de un ser hambriento y sediento. Trabajo de una vida: reencontrarse y reencontrar el gozo perdido... en uno mismo.

La frustración es otro gran instrumento de este definitivo y tan difícil diálogo con Uno mismo. ¡Qué cortantes, incluso crueles, resultan en momentos así unas frases afiladas del Zaratustra de Nietzsche!:

El Uno mismo siempre busca y escucha: compara, conquista, somete, destruye. Reina y domina hasta sobre el yo. Tu Uno mismo se ríe de tu yo y de sus cabriolas. «¿Qué son para mí estos saltos y estos vuelos del pensamiento?», se dice a sí mismo. «Un rodeo hacia mi objetivo. Soy las muletas del yo y el inspirador de sus ideas.»

El Uno mismo le dice al yo: «¡Siente dolor aquí!» Y el yo sufre y piensa cómo dejar de sufrir. Y para este fin necesita pensar.
El Uno mismo le dice al yo: «¡Siente placer aquí!» Entonces el yo se regocija y piensa cómo seguir regocijándose con frecuencia. Y para este fin necesita pensar...

Aquel «hombre que siempre va conmigo», arquetipo del Yo y centro de la existencia consciente e inconsciente... Todo cuanto vivimos, sea placer o sea dolor, tiene que ver con este poder que habita en nosotros y quiere comunicarse con la conciencia. Da testimonio de sí mismo manifestándose en el cuerpo, en los sueños. También en la frustración. Suerte y desgracia, enfermedad y buena salud, todo viene de dentro, originado por nuestros pensamientos y atraído por esta potencia central. El azar no existe ni somos víctimas de nada ni de nadie, pese a que hayamos sido adiestrados para sentirnos así, de esta manera escasa y torpe que abre la puerta a todas las resignaciones y fatalismos, que asesina toda providencia y nos hace escépticos y adormecidos. El ser humano es, por esencia, creador,[15] no desde su per-

---

15. Redactadas estas páginas hace unos diez años, acabo de leer y traducir un libro espléndido, vigoroso y a la vez extraordinariamente respetuoso, de una psicóloga transpersonal francesa que vive en Canadá. Es una confirmación y prolongación de muchas de las cosas que aquí se dicen. Su título es *El Poder d'escollir. De la víctima al creador* y su autora, Annie Marquier (Ed. Hèlios, 1998). En castellano, *El poder de elegir* (Editorial Luciérnaga).

sonalidad que «hace», sino desde su centro que Es, ante el cual la actitud correcta es precisamente «preguntar» y «escuchar».

No sin lucha se vive esta situación. Jacob luchó contra el ángel toda la noche y acabó cojo a causa del combate. Esta lucha con el Uno mismo, con Uno mismo, puede durar toda una vida hasta que nos damos cuenta de que «el enemigo» vive en nosotros, que hemos de reconciliarnos con él, que necesitamos quererlo, porque ciertamente... somos nosotros mismos.

El Uno mismo es lo que realmente somos. La conciencia se ha de desprender de su identificación con el «yo» para llegar a identificarse con este centro, seguramente invulnerable, más fuerte que cualquier circunstancia. Situaciones, sucesos, objetos, todo cuanto es vivido por el individuo ha sido atraído y originado por este centro. Para acceder a él, no puede seguirse una técnica, sino aceptar progresivamente todos los acontecimientos, interiores y exteriores, (aquella canción de Nietzsche del «isí y amén!»), dispuestos precisamente por este centro con el fin de aparecer en la conciencia.[16] El sentido de la vida y de los hechos de la vida es justamente esta progresiva vinculación con nuestro Poder existente, sí, pero muy oculto.

Esta verdad, poéticamente intuida y brillantemente formulada por Machado años atrás, tenía que ser vivida, tenía que hacerse carne y sangre en él. Aquella frustración de un proyecto de vida en compañía, aquella muerte tan absurda −se trata-

___

16. Acontecimientos que, en un momento dado, pueden ser una técnica o un método. Pero lo que es necesario seguir es única y exclusivamente la exigencia interior, central, y las señales que de ella provienen. Deslumbrados por los maestros, huidos de nosostros mismos, podemos acabar abandonando al Maestro. Y perdernos. «No llaméis a nadie Maestro en esta tierra. Sólo uno es vuestro Maestro.»

ba de una muchacha muy joven, de una flor que, aparentemente, aún no había dado fruto– había sido atraída por este centro para modificarlo todo e iniciar a Machado en el secreto «de la filantropía», de la vida y de la muerte, de Sí mismo. «Tus frutos están maduros, pero tú aún no estás maduro para tus frutos», escuchó un día Zaratustra. Lo intuido había de ser sangre en sus venas, en su biografía. Aquella muerte tan frustrante no era una demostración del absurdo de la existencia, sino prueba de una iniciación hacia el propio Gozo tan inmediato e... infinitamente lejano.

Suele el hombre vivir crucificado sobre su propia vanidad, literalmente asado sobre las ascuas de su negra honrilla. Es condición humana este cruel suplicio. (JM II, c. XV)

La frustración, como crucifixión del yo que creíamos ser, puede ser descrucifixión de la propia realidad, liberación de la vanidad que oprimía y reprimía. Porque puede decirse con exactitud muy verificada que allí donde el vector de un deseo acariciado, profundo, radical, ha coincidido con el vector de la contrariedad, en la misma encrucijada —aquel día, aquella hora, en aquellas circunstancias, en aquel lugar y con aquellas personas— ha aparecido, sinóptica y simbólicamente, como en una pesadilla, mi centro. En la frustración, por otro lado, la ira, la rabia, la desesperación dirigida contra uno mismo, contra los otros, contra la vida en general, dan la medida de la distancia que hay entre lo que creemos ser y lo que realmente somos. «Veritas mea, crux mea», mi verdad es mi cruz, decía Nietzsche. La intensidad de la protesta da la medida del resentimiento acumulado por nuestra separación del origen, causa de nuestra inseguridad y desamparo. El dolor, que en tales circunstancias se hace consciente, era un dolor que ya estaba en nosotros como adormecido y que da señales de vida con ocasión de la frustración. Lo vomitamos al hacerlo consciente. Su amargo sabor es liberación del sufrimiento que llevábamos dentro.

La frustración señala un centro, es aparición del centro de una cruz, allí donde han topado y se han encontrado dos voluntades aparentemente contrapuestas, la real y la quimérica, lo que es y lo que no es. Allí ha sido crucificado aquel «hombrecillo que todos llevamos a cuestas». El cachorro de león que se creía cordero ha sido contrariado; el falso cordero como tal ha quedado frustrado... por el león que lleva dentro, precisamente el cordero que le frustra como león. La frustración resulta así revelación de nosotros a nosotros mismos en nuestra soledad esencial.

También nuestra tradición occidental conoce una Frustración singularmente pública y referida al Absoluto. En la crucifixión (que es mucho más que la simple muerte) del hombre de Nazaret, los discípulos experimentaron la infinita frustración, la aniquilación de sus deseos de poder y de afirmación mesiánica, nacidos del contacto con el poder de los hechos y palabras del Maestro. Se sentían escogidos y pensaban señorear sobre Israel y sobre las naciones como ministros del Mesías, rey de Israel y señor de los pueblos: el sueño de toda cristiandad. Y sucedió que, muy al contrario, se vieron suspendidos en el vacío, demasiado comprometidos para retroceder, demasiado impotentes para seguir adelante. Frustrados en todas sus expectativas de poder: «¿Por qué nos has abandonado?» es el grito de desesperación de los discípulos, revelación de ellos mismos a sí mismos. De aquí la importancia central de la muerte de Jesús en todos los relatos del Nuevo Testamento.

Esta cruz no se yuxtapone (como si no tuviera nada que ver) con la frustración del ser humano enfrentado a su propia realidad (como acostumbran hacer todos los «resignados» religiosos); no se contrapone tampoco a todos los placeres y gozos de esta vida (como presupone la irreligión). Esta frustración reveladora (que denuncia el estado de separación tanto del ser humano como de «Dios») se vincula con la frustración individual, porque lo real y feliz está engrilletado y crucificado. Y esto, que es «normal», se vive como «natural». Los discípulos crucificaban la propia grandeza en nombre de una pretendida importancia: Pedro rechaza que Jesús le reconozca esta grandeza, cuando éste actúa como siervo al lavarle los pies: «Tú no me lavarás los pies». Y antes quería plantar tres tiendas, una para Moisés, otra para Elías, otra para Jesús, olvidándose de sí mismo y de sus dos compañeros en el relato de la transfiguración. Tenía que haber pensado, al menos, en seis tiendas, pero él no existía para sí mismo. Sacrificaba la grandeza a la importancia. No sabía quién era.

Occidente, sin embargo, ha contemplado esta cruz desde su victimismo y ha visto en ella la Víctima suprema, justificando todas sus resignaciones y renuncias. Puede contemplarse, no obstante, de manera creativa, asumiendo la frustración como algo que tenía que llegar para derribar los bloqueos y permitir que apareciera la realidad feliz y total de este centro-resurrección, a partir del cual todos los placeres y gozos de esta vida llegan a ser posibles, porque se vivirán sin desasosiego ni impaciencia.

A partir, pues, de este centro descubierto, la conciencia puede expandirse en todas las direcciones de la cruz, hacia la altura, la anchura, la profundidad. Se muestra la posibilidad de la conciencia sin límites ni fronteras. «Todo es vuestro», recordaba Pablo de Tarso a la luz de esta bendita Frustración-Revelación del centro. «Todo es vuestro», porque vosotros sois el Todo. Todo en nuestra vida apunta a este centro y todo proviene de este centro: «Elevado, todo lo atraeré hacia mí». «Yo soy yo y toda mi circunstancia»; «yo soy yo y todo el resto», esto es lo que quiere hablarnos en cada frustración... que nos carga de rabia, nos llena de ira o de desesperación. También habla en las palabras finales de aquella magnífica *Oración del Alma Enamorada* de Juan de la Cruz:

> *... Míos son los cielos y mía es la tierra. Los justos son míos y míos los pecadores. Los ángeles son míos y la Madre de Dios y todas las cosas son mías. Y el mismo Dios es mío y para mí, porque Cristo es mío y todo para mí. Pues, ¿qué pides y buscas, alma mía? Tuyo es todo esto y todo es para ti. No te pongas en menos ni repares en meajas que se caen de la mesa de tu padre. Sal fuera y gloríate en tu gloria. Escóndete en ella y goza y alcanzarás las peticiones de tu corazón.*

Así hablaba el otro gran poeta de Castilla, desgraciadamente perplejo, porque no le era concedido satisfacer su deseo expresado en forma de súplica. En realidad, cuando se ha hallado el sentido de la frustración, «todo es tuyo; todo es tú», el deseo, que nace de una conciencia de carencia, pierde su aguijón obsesivo. Cuando el gozo central se ha experimentado —y con él la libertad ante todo lo que es «creado»—, su satisfacción ya no se vive como necesaria para reencontrar la identidad y el gozo; se convierte en un lujo y un desbordamiento de la plenitud:

> *Si nuestra alma es incapaz de luz propia, si no queremos iluminarla por dentro —escribía Machado a Unamuno en 1913—, la barbarie y la iniquidad perdurarán.*

La frustración como iniciación

El sentido de la frustración no es, por tanto, frustrarnos como hombres y mujeres, sino frustrar un deseo demasiado superficial, genérico, social, demasiado infantil, un deseo que, en definitiva, no tiene en cuenta toda la realidad. No obstante, el dolor que se experimenta es el máximo que podemos soportar. «No seréis probados más allá de vuestras fuerzas», dice Pablo de Tarso, maestro espiritual. Y, como en los antiguos rituales de iniciación, esta prueba no ritual, radical, hacia la propia realidad y misterio, también tiene su maestro iniciático, aquel que mesura las pruebas para llevarlas hasta el límite real —no más, no menos—, hasta el punto justo, matemáticamente justo.

En el caso de Antonio Machado, interlocutor de Miguel de Unamuno, tal vez el único que podía acompañarle en aquel trance, el maestro, fue posiblemente otro gran poeta, Juan de la Cruz, el creador y sufridor de la Noche Oscura, activa pero discretamente presente. La proximidad en el espacio, la lectura del gran poeta castellano, el itinerario de Machado, Baeza, lugar de fundación del santo, la proximidad con Úbeda, ciudad donde murió, el viaje posterior de Machado, que pretendía ir a Salamanca y fue destinado a Segovia, es decir, la ciudad donde fueron trasladados los restos del poeta místico dos años después de su muerte para ser enterrados junto al Alcázar segoviano y, por encima de todo, la presencia, inconsciente por parte de Machado, de palabras del poeta de *Cántico Espiritual* en sus propios versos, me conducen a este presentimiento. No tenemos conciencia de qué espiritus nos llevan, de qué ángeles nos acompañan...

Recordemos aquellos versos tan conocidos de Machado, escritos y vividos en Baeza, en los que expresa su frustración:

Señor, ya me arrancaste lo que yo más quería.
Oye, otra vez, Dios mío, mi corazón clamar.
Tu voluntad se hizo, Señor, contra la mía.
Señor, ya estamos solos mi corazón y el mar. (PC CXIX)

Versos lentos, de ritmo alargado, y escasos, tan sólo cuatro, con aquella sensación de sentirse roto («me arrancaste»), quejoso, afligido —no es la primera vez, «otra vez»—, la constatación de dos voluntades contrapuestas y la situación final, la soledad, aquel Fuenterrabía dolorosamente lejano que sólo se hace presente para reabrir la herida e impedir que cicatrice:

esta amargura que me ahoga...

Estos versos tienen un contenido manifiesto, son una queja. Hay, no obstante, un contenido oculto: quien habla en estos versos les puede dar, sobre todo en el último, un sentido escondido, victorioso. El último verso puede ser leído como una continuación de la queja, pero también como un grito de triunfo: «¡Por fin entro en mi soledad, en aquella soledad que es mi espacio propio, mi espacio humano! Ahora comienzo a poder mirar cara a cara mi propia muerte... Entro en la vacuidad, origen de toda forma y de toda vida», como aquella que pintó Friedrich en un lienzo inolvidable, *Monje frente al mar*. ¿Y no sucedió igual en la muerte de Machado, a la que hizo frente en perfecta pobreza y soledad, ante el mar, muchos años después, justamente el 22 de febrero de 1939, creando un verso imborrable? Al aceptar la soledad ya no estamos solos. Él murió justamente el día de la onomástica de la niña-esposa, el día de santa Leonor, como señal y prenda de una presencia fiel: «Nunca te abandonaré», le prometió, al morir aquella adolescente, niña, hija y madre.

Pero en este momento me interesa subrayar un hecho. Juan de la Cruz había expresado en las dos primeras estrofas de su *Cántico Espiritual* un lamento al Amado:

> *¿Adónde te escondiste,*
> *Amado, y me dejaste con gemido?*
> *Como el ciervo huiste,*
> *habiéndome herido;*
> *salí tras ti clamando, y eras ido.*
>
> *Pastores los que fuerdes*
> *allá por las majadas al otero,*
> *si por ventura vierdes*
> *aquel que yo más quiero,*
> *decidle que adolezco, peno y muero.*

En los cuatro versos impresionantes de Machado, hay dos expresiones del *Cántico*. No sólo se da identidad en el tema, el lamento por la lejanía y desaparición de aquel o aquella a quien se ama. Las palabras también son las mismas: «clamar» en Machado, «clamando» en Juan de la Cruz; «lo que yo más quería», en Machado, «a aquel que yo más quiero» en Juan de la Cruz. Misteriosas afinidades en los lugares, en las vivencias, en los temas. También en las palabras... Una presencia misteriosa planea sobre un profesor de francés, desolado, en un pueblo perdido de Jaén, donde Isabel, la reina católica por excelencia, coronada en el Alcázar segoviano siglos antes, derribó las murallas...[17]

---

17. Fue San Juan de la Cruz quien escribió esta carta desde Baeza, el 6 de julio de 1581: «Consuélese conmigo, que más desterrado estoy yo y solo por acá; que después que me tragó aquella ballena y me vomitó en este extraño puerto, nunca más merecí verla (a Teresa de Jesús), ni a los sanctos de por allá. Dios lo hizo bien, pues, en fin, es lima el desamparo y para gran luz el padecer tinieblas».

Ausente Leonor de la vida física de Machado, él la reen-
contró en sus sueños:

Soñé que tú me llevabas
por una blanca vereda,
en medio del campo verde,
hacia el azul de las sierras,
hacia los montes azules,
una mañana serena.
Sentí tu mano en la mía,
tu mano de compañera,
tu voz de niña en mi oído
como una campana nueva,
como una campana virgen
de un alba de primavera.
¡Eran tu voz y tu mano,
en sueños, tan verdaderas!...
Vive, esperanza, ¡quién sabe
lo que se traga la tierra! (PC CXXII)

Tres veces aparece la palabra «mano» con toda su magia de presencia y poder. También tres veces brota la palabra
«mano» en aquel poema en que Machado imaginó —¿soñó?— su
renacimiento —así se titula el poema: *Renacimiento.*

Galerías del alma... ¡El alma niña!
Su clara luz risueña;
y la pequeña historia,
y la alegría de la vida nueva...
¡Ah, volver a nacer, y andar camino
ya recobrada la perdida senda!
Y volver a sentir en nuestra mano

aquel latido de la mano buena
de nuestra madre... Y caminar en sueños
por amor de la mano que nos lleva. (PC LXXXVII)

En esta unión de presagio y realización aparece el sentido de la frustración: aquella madre soñada ha sido sustutuida por una Leonor también soñada, pero misteriosamente, intensamente presente en un espacio, el de los sueños, que para Machado tiene más calidad ontológica, más intensidad y más sabor que el otro, el llamado «real». Todo es un renacer, un volver a nacer desde la raíz de aquel que se sentía paralizado como perro olvidado y como niño perdido. Aquella mano perdida de Leonor le sería devuelta en sueños con una presencia mucho más interior y potente que la exclusivamente física. Tomaban realidad unos versos extraordinarios de Tagore... que aún no se habían escrito:

Con tu muerte moriste a todo lo que estaba fuera de mí y desapareciste de las mil cosas del mundo para volver a nacer plenamente en mi dolor.
Entonces sentí que mi vida había alcanzado la perfección y que el hombre y la mujer se habían transformado, para siempre, en un solo ser en mi interior.[18]

Una nueva certeza y seguridad se le había instalado en lo más profundo. El centro había penetrado en la conciencia. Leonor se había convertido en presencia interior y anclaje en el corazón del ser, presencia del origen. Lo íntimo se va haciendo inmenso, lo inmenso se va haciendo íntimo. Y va desapareciendo la angustia, que es, según Machado:

---

18. *Regalo de amante.* R. Tagore (Alianza editorial, LB 1038).

el sentimiento del esencial desamparo frente a lo infinito, impenetrable y opaco. (JM II, c. X)

A partir de la muerte de Leonor, Machado comprendió que el inconsciente, que se manifestaba en los sueños, aquella «fuerza cósmica» de la acción y «la fuerza —sine qua non— de toda poesía», era rigurosamente también «país de los muertos». Ya lo había presentido y soñado años atrás:

> *Desde el umbral de un sueño me llamaron...*
> *Era la buena voz, la voz querida.*
> *—Dime, ¿vendrás conmigo a ver el alma?...*
> *Llegó a mi corazón una caricia.*
> *—Contigo siempre... Y avancé en mi sueño*
> *por una larga, escueta galería,*
> *sintiendo el roce de la veste pura*
> *y el palpitar suave de la mano amiga.* (PC LXIV)

El mundo de los muertos se le abrió en clara manifestación, como a Rilke, e incluso podría decirse que de forma aun más íntima que a Rilke. El Orfeo de Rilke se verifica por completo en Machado. Machado es el Orfeo de los Sonetos de Rilke. En clave de humor, velada e irónicamente, nos lo dijo en Juan de Mairena:

> *Es inútil —habla Mairena encarándose con un tradicionalista amigo suyo, en una tertulia de café provinciano— que busque usted a Felipe II en su panteón de El Escorial, porque es allí donde no queda de él absolutamente nada. Ese culto a los muertos me repugna. El ayer hay que buscarlo en el hoy. Aquellos polvos trajeron —o trujeron, si le agrada a usted más— estos lodos. Felipe II no ha muerto,*

*amigo mío. ¡Felipe II soy yo! ¿No me había usted recono-
cido? Esta anécdota que apunta uno de los discípulos de
Mairena, explica la fama de loco y espiritista que acom-
pañó al maestro en los últimos años de su vida. (JM I,
c. XXXII)*

Por todo ello, Machado, en vez de aconsejar, con es-
cepticismo y amargura, precaverse del amor (como parece que
Freud apunta en *El malestar de la cultura*), pues siempre acaba en muerte y frustración, recomienda entregarse por completo:

> *Huye del triste amor, amor pacato,*
> *sin peligro, sin venda ni aventura,*
> *que espera del amor prenda segura,*
> *porque en amor locura es lo sensato (...) (PC CLXV, V)*

Y así fue como escribió un soneto maravilloso, fruto de
un doble viaje, a las fuentes del Guadalquivir, la sierra de Cazorla (donde sintió a Leonor en una mariposa), y a su desembocadura, Sánlucar de Barrameda (donde se vio a sí mismo), y fruto
también de un prodigioso trabajo del espíritu:

> *¿Empañé tu memoria? ¡Cuántas veces!*
> *La vida baja como un ancho río,*
> *y cuando lleva al mar alto navío*
> *va con cieno verdoso y turbias heces.*
> *Y más si hubo tormenta en sus orillas,*
> *y él arrastra el botín de la tormenta,*
> *si en su cielo la nube cenicienta*
> *se incendió de centellas amarillas.*
> *Pero aunque fluya hacia la mar ignota,*

La frustración como «contra-tiempo», ¿no vendrá tal vez de la dimensión de lo eterno esencial que irrumpe conflictivamente en medio del tiempo, cuando éste es considerado como la única realidad excusiva: «ya nuestra vida es tiempo»...? También desde este punto de vista, la frustración, la adversidad, el «contratiempo», son salvación... Sea como sea, cuando el ser humano logra aceptar su frustración, pasada o presente, sin resignación ni rebelión, encontrándole el sentido, ya no hay dos voluntades contrapuestas, sino una sola: «Que se haga tu voluntad». Entonces, el poema –palabra esencial en el tiempo– se hace posible, la eternidad se aloja en el tiempo, el cielo baja a la tierra. Y lo interior se exterioriza: «Que se vea todo cuanto ve», cantó Machado.

El diálogo con el inconsciente:
el azar como manifestación del significado oculto

Cuando los discípulos de Jesús, después de su muerte, tal como relata el autor de los Hechos de los Apóstoles, se reunieron en la comunidad de los Doce para formar el nuevo Israel, había un lugar vacío, el de Judas. Tenían que ser doce y se presentaron dos candidatos para ocuparlo. Ambos cumplían las condiciones necesarias. Había, pues, que escoger a uno. ¿Cómo lo resolvieron, tratándose de un acto tan solemne y fundamental? Sencillamente, lanzando una moneda al aire y acompañando la acción de una plegaria: «Tú, Señor, que conoces el corazón de todos, muéstranos a quién has escogido». La suerte —¿la suerte?— señaló a Matías.

El mismo autor de los Hechos de los Apóstoles, en el inicio de su evangelio, anota lo siguiente: Zacarías, el padre de Juan Bautista, sacerdote en el templo, fue elegido «por la suerte», al azar. El azar parece, por tanto, ser el inicio de la gran revelación, la que no proviene del mundo sólo humano, sino de la esfera divina. El azar, «aliento del Origen», como se le ha nombrado, revela sus intenciones, y al azar se confía una elección decisiva cuando no hay otra manera de hacerlo. El azar, según Lucas, es revelación de «la voluntad de Dios» en su lenguaje o, en el nuestro, del inconsciente profundo. También lo era para los profetas de Israel que respondían a las preguntas y a las decisiones que se les pedían con un método similar al de «cara o cruz».[19]

No parece pensar y sentir de manera distinta Antonio Machado (según el cual, «la ingente experiencia del Cristo está todavía en curso»), cuando al inicio de sus *Proverbios y Cantares*, un auténtico poemario de sabiduría, destilada alquímicamente en contacto con el pueblo y consigo mismo, escribe:

> *¿Para qué llamar caminos*
> *a los surcos del azar?...*
> *Todo el que camina anda,*
> *como Jesús, sobre el mar.* (PC CXXXVI, II)

---

19. El azar como manifestación del Espíritu está muy presente en diferentes tradiciones. Limitándonos sólo a la del Antiguo Testamento, por ejemplo: «La suerte pone fin a las disputas y decide entre los fuertes» (Jos 7, 14-15); 1 Sam 14, 38-42; Ex 28, 15; Ex 28, 3. Del *efod*, uno de los instrumentos de la suerte, se habla en 1 Sam 2,18; 1 Sam 22, 18; 1 Sam 23, 10-12; 2 Sam 6, 14; Esdras 2, 63; Nehem 7, 65; Deut 33, 10...

Más adelante Machado, que tenía conciencia de ser «hijo de la mar», dijo:

Caminante, no hay camino,
sino estelas en la mar.[20] (PC CXXXVI, XXIX)

Este camino de realización y curación, secreto, único, de cada uno, este camino de creación del propio camino, sucede en el «mar» (imagen que sirve para representar el inconsciente colectivo):

Cuatro cosas tiene el hombre
que no sirven en la mar:
ancla, gobernalle y remos,
y miedo de naufragar. (PC CXXXVI, XLVII)

El azar, lo saben los taoístas que consultan el libro de oráculos del *I Ching*,[21] tiene una afinidad máxima con el «mar», hasta el punto de que del azar proviene un hecho tan esencial como la creación, que originariamente brota de lo profundo:

Hay escritores cuyas palabras parecen lanzarse en busca de las ideas; otros, cuyas ideas parecen esperar

20. Comentando un versículo del Salmo 76: «En el mar está tu vía y tus sendas en muchas aguas y tus pisadas no serán conocidas», Juan de la Cruz escribe: «... decir que «la vía y camino de Dios por donde el alma va a Él es en el mar y sus pisadas en muchas aguas», y que por eso «no serán conocidas», es decir que este camino de ir a Dios es tan secreto y oculto para el sentido del alma como lo es para el del cuerpo el que se lleva por la mar, cuyas sendas y pisadas no se conocen; que esta propiedad en los pasos y pisadas que Dios va dando en las almas que Dios quiere llegar a sí, haciéndolas grandes en la unión de su Sabiduría, que no se conocen.» (*Noche*, libro 2, capítulo 18).

21. Sobre todo este tema se puede leer con provecho: Jung, *El secreto de la flor de oro.* (Ed. Paidos).

las palabras que las expresen. El encuentro de unas y otras, ideas y palabras, es muchas veces obra del azar. (JM).

En el mundo interior humano reina, según Machado, el azar:

Yo os confieso que he sido ingrato alguna vez, y harto me pesa, con mis maestros por no tener presente que en nuestro mundo interior hay algo de ruleta en movimiento...

También al azar, en clave de humor, le confía Machado la difícil comunicación entre las personas:

Que cada cual hable de sí mismo lo mejor que pueda, con esta advertencia a su prójimo: si por casualidad entiende usted algo de lo que digo, puede usted asegurar que yo lo entiendo de otro modo.

Y en este mundo, tan a la inversa, el azar hace posible encontrar algo que esté bien:

Cuando una cosa está mal, decía mi maestro, debemos esforzarnos por imaginar en su lugar otra que esté bien; si encontramos por azar algo que está bien, intentemos pensar algo que esté mejor.

Las raíces de la cultura se encuentran gracias al azar —en el azar habla el origen de todo— en las instituciones que no aceptan la casualidad, sólo la causalidad, como fuente de conocimiento:

El árbol de la cultura más o menos frondoso, en cuyas ramas más altas acaso un día os encaraméis, no tiene más savia que nuestra propia sangre, y sus raíces no habéis de hallarlas sino por azar en las aulas de nuestras escuelas, academias y universidades...

Machado se sabía «hijo de la mar», «Dios está en el mar». Y para caminar, en el sentido de Machado, es decir, para ir por encima del mar, como un poema o un barco, sostenido por el milagro, afrontando lo que es absolutamente necesario y del todo imposible, es necesario seguir seguramente los surcos del azar: aquella sabiduría iniciática nos busca individualmente con todo lo que somos, escondemos y enseñamos, con todos nuestros vicios y con todas nuestras virtudes más secretas. Somos hijos del azar y somos azar: «No llaméis padre a nadie en esta tierra: uno solo es vuestro Padre...»

¿Qué racionalidad hay en la unión de aquellos dos gérmenes, paterno y materno, que constituyeron algo tan esencial y tan determinante como nuestro código genético? ¿La razón racionalista o... el azar? Azar, una palabra árabe que significa «juego de dados», es la palabra que define la medida de nuestra ignorancia, porque no hay azar. «No se deje engañar por la superficie; en la profundidad todo es ley», recuerda Rilke. En el azar, en aquella coincidencia significa-tiva, no causal, estrictamente individual, muy ligada a nuestro origen y a nuestro fin, que nos hace exclamar: «¡Qué casualidad!», el inconsciente, tanto individual como colectivo, nos ha hablado, se ha hecho presente, y ha unificado, en aquel punto, nuestro mundo interior con el exterior. Y nos muestra nuestra finalidad recóndita, el sentido del vivir, escondido y secreto. En él se manifiesta la realidad «una», cuya tendencia es unificar lo que parece opuesto, las polaridades que constituyen el movimiento de lo que es real: «Busca a tu complementario/que siempre va contigo/y suele ser tu contrario».

Y así, el azar nos libera de las leyes generales, que pertenecen al ámbito de la ciencia, para poder concentrarnos en el mundo de las realidades singulares, únicas, y en el fondo inefables:

En la época a la que me refiero Soria dormía (...) No quedaba ningún inquietador de los espíritus y Soria se echó a dormir. Todos sabemos lo que es una ciudad dormida —tal es el caso de casi todas las urbes españolas—: una ciudad donde se piensa que nuestra vida es algo hecho de una vez para siempre; un coche más o menos flamante, más o menos destartalado, que arrastran pencos matalones o fogosos corceles, que conduce un diestro auriga o un cochero borracho, que podrá llegar no importa adónde o estrellarse en la cuneta del camino, y que nada de esto interesa ni debe preocupar a nadie; lo importante es tomar asiento en el vehículo y acomodarse en él lo mejor que se pueda...

El azar, recibido y captado individualmente, nos arranca de lo banal, común, trivial, genérico, general, normal. Hace que nuestra vida no sea profanada. A través de los diversos azares, vamos comprendiendo o intuyendo el Azar original, la identidad natural y su poder para utilizar todos los acontecimientos a fin de mostrarse. Nos arranca de «nuestro corral» para llevarnos a espacios que, como la libertad (así lo vamos comprendiendo), no tienen límites. El macrocosmos está contenido en el microcosmos que somos. Lo inmenso se hace íntimo (superando la angustia que puede provocar) y lo íntimo se hace inmenso (desbordando lo particular, anecdótico, privado, que siempre aburre). A través del azar, por tanto, angustia y aburrimiento son exorcizados.

Einstein conocía bien la no existencia del azar: «Dios no juega a los dados», decía (pero sí a esconderse, añadió Woody Allen). «Cuando Dios quiere viajar de incógnito, se vale del azar», repetía. Lo saben científicos cuánticos. Para ellos la coincidencia significativa es como un pequeño agujero por donde entrever un mundo de completa armonía, donde todo encaja, donde todo armoniza con todo. Lo sabían Francisco de Asís y aquellos que abrían la Biblia y otros libros «inspirados» al azar, como Joan Maragall;[22] lo supo Agustín de Hipona, cuya conversión fue fruto de un curioso azar. Un azaroso obús fue el origen del instrumento más poderoso de la Contrarreforma: la transformación de Ignacio de Loyola. Goethe lo sabía y lo vivió, pensó y cantó Nietzsche; Joan Miró iba a buscar inspiración tras los pasos del «dios-azar», y una casual y obligada estancia en el le-

---

22. «Así como gusta a veces salir a la libertad de los campos sin dirección obligada, dejándose llevar tan sólo por el vario atractivo de los caminos que se ofrecen al paso, así también place al espíritu en ciertas horas ser solicitado por el azar de los libros abiertos al descuido y como por el presentimiento de hallar en ellos la sabiduría que mejor conviene al instante. Hay, sobre todo, libros que nunca se abren en vano: los Libros santos siempre tienen algo que decirnos, y una cierta inspiración conduce nuestra mano a escoger entre ellos y a abrirlos en la página propicia.» (*Obras completas* II, Ed. Selecta, 1981, p. 670). Y en otro lugar, comentando el amor imposible de un arquitecto (seguramente Gaudí), un escultor que interpreta su pensamiento, comenta: «Esas cosas sólo deben ser gobernadas por el azar, que es padre suyo. Todas las cosas del mundo son hijas o nietas del azar; pero así como las más humildes han de ponerse al servicio de las potencias y designios humanos, las más grandes y hermosas no quieren obedecer sino al padre; y si se las fuerza a otra obediencia rebélanse y dañan, y matan si pueden, y si no degeneran, y decaen y pierden todo su encanto original, y mueren feas y mezquinas». (*Elogios*, en *Obras completas* II, «Preliminar», pp. 41-42).

cho de un hospital despertó la vocación de un gran creador de nuestro tiempo: Henri Matisse. Por azar cayó la inexpugnable Constantinopla, y por azar fue concebido el *Mesías* de Haendel. Siguiendo azares fue construida *La Flauta Mágica* de Mozart... Lo sabía Spengler y lo sabía también Simone Weil, que escribió: «¡Lo llamo azar para no llamarlo providencia!» Lo supo Màrius Torres, que lo invocó y llamó «arcana providencia».

No acabaríamos. El azar –o una plenitud de significado–, como aquel día 30 de marzo de 1987, hizo que fuera subastado un cuadro de Vincent van Gogh, el pintor más pobre de toda la historia del arte, por una cantidad que hasta aquel momento no se había pagado por ninguna obra de arte. Era precisamente el día de su cumpleaños, y ninguna publicación lo recordó. Aquel «¡qué casualidad!» que me surgió al día siguiente de conocer la noticia, me llevó a pensar inmediatamente en aquella «justicia inmanente» sobre la cual Rilke escribió a Rodin, y en cuya existencia los dos estaban de acuerdo. El azar, igual que los sueños, nos conecta inmediata y directamente con el inconsciente: «Converso con el hombre que siempre va conmigo». Si lo trabajamos con aquella «conciencia vigilante», cuyo incremento –«humano tesoro»– era tarea principal de la cultura según Machado, si le prestamos nuestra atención, poco a poco iremos de sorpresa en sorpresa y notaremos aquel sabor dulce y gustoso de la profundidad. El entusiasmo y la certeza respecto al propio camino son otros dos regalos del así llamado azar, recibido y trabajado, es decir, percepción de nuestro destino y misión en el todo. En el azar vivimos la experiencia de lo que es trascendente: nosotros mismos, conectados, tanto si lo sabemos como si no, con el Absoluto. Y también se refiere al sentido, al sentido de la propia existencia, al sentido de la historia:

Esta desconocida llave que «tres arcas cierra», el misterio del origen, el misterio del final y el enigma de la vida misma, tiene un solo nombre: azar, la coincidencia significativa y, con ella, los símbolos que la acompañan. Es el azar quien frustra, es él quien es vivido como absurdo (el gran portador de sentido), es él, en suma, quien suscita el sueño.

En cambio, cuando reprimimos el azar, cuando el azar no es suficientemente valorado, tarde o temprano caemos en el sentimiento de la vida como un absurdo: es absurdo vivir y no tenemos otro remedio que vivir. Y ello ocurre porque no penetramos en el fondo inconsciente de nuestras vidas, allá donde habita el «secreto»:

Machado consignó el azar como instrumento del conocimiento y, principalmente, del «caminar». Pero, sobre todo, lo vivió. Y lo podemos contemplar en su biografía, entregada y expresada en sus poemas y reflexiones, para aprenderlo y aplicarlo a la nuestra: «Nadie es más que nadie».

No por azar, sino por coincidencia plena de significado, nació el mismo día, mes y año que Carl Gustav Jung, intérprete genial de los sueños y de la sincronicidad de los hechos exteriores con los interiores, descubridor también del proceso de individuación. Esta casualidad lleva a pensar en aquellos «dos delfines», hijos de la mar, que se perdieron en el Guadalquivir. El hecho provocó que los futuros padres de Machado se conocieran (JM I, XLVI). Tampoco fue un azar que muriera el mismo año que Freud. Machado es un gran maestro que enseña a abrir las puertas del inconsciente.

No por azar nació Machado en el Palacio de las Dueñas, junto a un claustro gótico, mudéjar y plateresco, en cuyo centro brotaba un surtidor.

No por azar su primer poema data de 1898, año de la pérdida de Cuba, y su último poema, de 1939, año de la pérdida de la guerra civil, el período más bajo de la historia española desde Felipe III. Nace y muere como poeta entre estos dos límites de la historia colectiva.

No por azar fue destinado a Soria: «Nadie elige su amor. Llevome un día/mi destino...»

No por azar conoció a Leonor, hija de los dueños de la pensión en que se hospedaba, el día de la Fiesta Mayor de Soria (21 de setiembre): «Amé cuanto ellas puedan tener de hospitalario».

No por azar Leonor vomitó sangre precisamente la noche del 13 al 14 de julio en París, también Fiesta Mayor de la capital francesa. Se hacían realidad sus versos: «Llevo en mis venas gotas de sangre jacobina»; «como el niño que en la noche de fiesta se pierde entre el gentío...»

No por azar recibió un ejemplar de *Campos de Castilla* una semana antes de la muerte de Leonor, por un inexplicable retraso del correo. El libro había aparecido en las librerías semanas antes.

No por azar Leonor murió el uno de agosto, justamente dos años antes de que estallara la guerra mundial. Tampoco fue un azar que fuera enterrada el 3 de agosto, el día que Colón, en 1492, inició su viaje, en el lugar preciso en que Machado descubrió el mar por primera vez, antes de marchar a Castilla con toda su familia.

No por azar fue destinado a Baeza, lugar donde Juan de la Cruz fundó el primer colegio andaluz de la reforma. Ahí llegó el 13 de junio de 1579 y al día siguiente inauguró el colegio, cerca de la Universidad, de la cual sería rector. Permaneció hasta noviembre de 1581. Baeza tenía entonces unos 50.000 habitantes y está a 9 kilómetros de Úbeda, donde murió el poeta místico el 14 de diciembre de 1591. Desde Úbeda se ve la sierra de Cazorla, donde nace el Guadalquivir. Machado fue de excursión en mayo de 1915. Allí recordó *Platero y yo*, recibido el mismo año, sobre todo aquel capítulo del final, «Melancolía»: «Platero amigo —le dije yo a la tierra— (...) ¿me habrás, quizá, olvidado? Platero, dime: ¿te acuerdas aún de mí? Y cual contestando a mi pregunta, una leve mariposa blanca, que antes no había visto, revolaba insistentemente, igual que un alma, de lirio en lirio...» Machado compuso entonces *Mariposa de la sierra* y lo dedicó a Juan Ramón.

No por azar fue destinado en 1919 a Segovia (aunque sí fue una frustración, ya que había solicitado Salamanca para estar con Miguel de Unamuno). Allí habían sido trasladados siglos antes los restos mortales de Juan de la Cruz. Allí conoció en 1928 a Guiomar. Después de cenar pasearon a orillas del Clamores.

No por azar Machado vivió en la pensión de la calle Desamparados en Segovia, cuando era funcionario. En cambio, fue a parar a Villa Amparo en Rocafort, cerca de Valencia, junto a una acequia, al lado de la estación del ferrocarril, perseguido por los nacionales.

No por azar se albergó en Barcelona en la Torre Castañer, un edificio similar en belleza y dignidad al palacio de las Dueñas, donde nació. De allí arrancó para el exilio el 22 de enero de 1939, vistiendo el traje azul de los días de fiesta y un reloj de oro.

No por azar durmió su última noche en España en un vagón de tren. Allí se encontró con Carles Riba, traductor de Homero —fuente de sus héroes infantiles—, quien recaudó dinero para Antonio y su familia.

No por azar alguien, nada bienintencionado, le robó el maletín con sus objetos personales, seguramente en Cervià de Ter: «ligero de equipaje».

No por azar acabó en Collioure y se alojó gratuitamente en el hotel de Madame Quintana, junto a un riachuelo a punto de desembocar en el mar, en un pueblo de pescadores. Como tampoco fue un azar que justo enfrente de sus balcones hubiera un pozo con un limonero, tema de uno de sus primeros poemas, si no el primero.

No por azar murió un miércoles de ceniza, cuando se acaba el carnaval y hay que «dar la cara» al quitarse la careta, precisamente el día de santa Leonor.

No por azar fue enterrado en Francia, antiguo profesor de francés, que murió diciendo: «Merci, madame, merci...». Tampoco fue un azar que su madre muriera tres días después, el 25 de febrero de 1939.

No fue un azar que, después de su muerte y entierro, José, el hermano que le acompañaba, encontrara en un bolsillo de su abrigo el último verso de Antonio: «Estos días azules y este sol de la infancia». La última palabra que escribió era justamente la primera del *Retrato*, y la medida de este verso es la misma que la de los versos del *Retrato*: catorce sílabas, versos alejandrinos.

No fue un azar que el centenario de su nacimiento, como el de Rilke, coincidiera con la muerte del dictador que le obligó a huir de España. Como tampoco lo fue que el cincuentenario de la muerte de Machado coincidiera (1989) con el centenario del nacimiento de otro dictador, Adolf Hitler. ¿Dictadores o poetas?, parece preguntarnos la historia. ¿Dónde está el Poder? Tal vez lo adivinara Nietzsche cuando dijo: «Las palabras más silenciosas son las que traen la tempestad. Pensamientos que caminan con pies de paloma dirigen el mundo». (*Así habló Zaratustra.*)

IV. HACIA UNA TERAPIA AUTOBIOGRÁFICA

... con las amarguras viejas,
blanca cera y dulce miel.

A. MACHADO

Por muy enterrados, ocultos y olvidados que estén en nosotros tanto el origen, nuestra identidad como nuestra finalidad, las tres realidades, que son tan sólo una: nuestra vida como poema —y, como poema, feliz—, nos hablan a través del azar, de los sueños, de las frustraciones. Si los trabajamos, si los revivimos, podemos emprender el camino que nos conduzca a transformar de nuevo nuestra vida efímera: las perlas dispersas podrán hacer un collar al reencontrar el hilo de nuestra existencia. Tal vez tengamos que trabajar sobre todo nuestras frustraciones, causa de muchos resentimientos que nos echan a perder la vida. Al comprender su sentido, podremos transformar un cúmulo de emociones negativas, reconciliarnos con los hechos, con nosotros mismos, con muchas personas que «nos han hecho daño». En definitiva, el sentido de nuestra vida pasa por el amigo, sí, pero también por el enemigo. Perdonar, sí, pero el perdón es real cuando ya no hay nada que perdonar: cuando el «daño» que nos han hecho nos ha permitido encontrar un camino que era el nuestro. Si Collioure, pongamos como ejemplo, fue la realización final del poema que es la vida de Machado, presentida ya en el *Retrato*, ¿quién, al fin y al cabo, la hizo posible? ¿No fue, tal vez, el general vencedor que, con plena ignorancia, se puso, o fue puesto, como servidor del destino del poeta?

> *Enemigo*
> *que por el amor me hieres,*
> *brazo de Dios, ¡Dios contigo!* (Poesías sueltas, XLVIII, IV)

cantó Machado en uno de sus penetrantes y sabios proverbios. Según él, la miel de la vida brota de la transformación de la amargura. Por ello, este libro pretende, entre otras cosas, iniciar en la terapia autobiográfica. Nos es necesario recordar nuestra vida siguiendo el lenguaje del inconsciente –a menudo a través de hechos muy significativos–, que intenta hablarnos.

Para esta tarea no hace falta emprender un camino laberíntico ni esotérico. Nos basta con rememorar nuestros juegos de infancia, aquellos que más nos gustaban, los sueños cuando dormíamos, los encuentros con los amigos, el momento en que conocimos a alguien a quien hemos querido, lo que sentimos y vivimos, tal vez, al enamorarnos. Hace falta recordar los encuentros azarosos, los accidentes fortuitos, las casualidades que rodearon nuestro nacimiento, o recordar los hechos y circunstancias que acontecieron con otros nacimientos y muertes. Hace falta recordar las enfermedades que padecimos... Porque todo, hasta el nombre de la calle en que nacimos o vivimos, incluso el número de la casa, puede percibirse con doble significado: era quizá el anuncio de cosas que iban a ocurrir.

Nos hace falta, tal vez, coincidir con alguien que quiera hacer lo mismo y con quien podamos explicarnos mutuamente la vida desde esta perspectiva. Al hacerlo realizamos un esfuerzo suplementario y cambiamos el punto de vista desde el que contemplábamos los hechos de nuestra biografía. Nos hace falta también trabajar y profundizar en los recuerdos, reparar en los sueños que a lo largo de este proceso podamos tener, poner atención a cuanto nos vaya ocurriendo. No hay nada que sea insignificante. Todos los hechos, en cuanto penetran en nuestra conciencia, han sido atraídos por esta potencia central que quiere mostrarse y entregar su energía. Todo esto, que fue el trabajo de Antonio Machado, de Rainer Maria Rilke, es también nuestro trabajo. Si ellos consiguieron llevarlo a cabo, también podemos hacerlo nosotros: «Nadie es más que nadie».

Al fin y al cabo, este trabajo lo inicia aquel Yo profundo, el león, origen de azares, sueños y frustraciones; pero nos es preciso hacernos cómplices, abrirle la puerta para que comience el trabajo de transformación. Su acción también puede manifestarse por otros caminos: olvidos y errores involuntarios, una palabra que de repente se introduce en la conversación como si nos guiñara el ojo a través de nuestro interlocutor, sin que éste se percate... Cuando pongo atención, va surgiendo una presencia serena, silenciosa, presentida, dialogante, que al mostrarse más fuerte que acontecimientos y personas, más potente que mi propia subjetividad, me libera de dependencias, servilismos, de las ganas de «quedar bien»... Ante esta presencia puedo ser transparente.

Esta presencia es el gigante en mí, la raíz de mi identidad, la otra cara siempre escondida de mi ser. Al yo de la superficie se le comienza a revelar el yo de la profundidad y de la altura. Entre los dos, superficie y profundidad, brota «el mar», la unidad verdadera. La superficie deja de ser superficial y se convierte en reveladora de la hondura. La profundidad deja de ser lo ignorado, angustiante, para mostrarse como sonrisa acogedora, como Madre que acaricia y comprende, que es paciente, bondadosa, no tiene envidia, no es altiva ni orgullosa, no es grosera ni egoísta, no se irrita, no se venga, no se alegra de la mentira sino que se complace en la verdad, todo lo excusa, todo lo cree, todo lo espera, todo lo soporta.

La balsa que creíamos ser se ha transformado en «mar»; en este mar que surge entre los dos «yo» se muestra la verdadera unidad de lo voluntario y lo involuntario. La anécdota íntima comienza a ser inmensa. Cuanto mayor es la intimidad, mayor es la inmensidad. En esta relación, en este mar, vivir se experimenta como un navegar. Lo que se dice y se hace, lo que se escucha y se sufre aparece como con doble significado. Sucede como en los poemas machadianos, espejos de una vida-poema y fruto de esta conciencia simbólica:

Da doble luz a tu verso,
para ser leído de frente
y al sesgo. (PC CLX, LXXI)

Como si nos dijera: «Da doble luz a tu vida»; en la superficie de lo vivido se muestra la profundidad de lo que es real; en el tiempo y en el espacio se vislumbra el misterio que los sobrepasa. Todo lo que vivimos quiere ser encarnación de una Sabiduría, de un Poder, de un Amor y de un Humor, puestos en la «estela» de don Antonio, que se dirigen a nosotros, que son nuestros, que somos nosotros. Todo esto ya lo anunciaba para cada vida humana aquella palabra sublime de la tradición occidental: «Logos sarx egeneto», que se traducía, a menudo sin ser entendido, «la Palabra se hizo carne». A mí, en la atmósfera de este trabajo, me gusta traducirla con más exactitud y belleza, creo, «el Sueño se hizo realidad»: ésta es la tendencia del inconsciente cuando encuentra una conciencia cómplice. Este sueño es el ser humano lleno de vida sin muerte. El ser humano desnudo, sin vergüenza y sin miedo, rostro de la Sabiduría, del Poder y de la Ternura, amparado en el desamparo, vivo en la muerte, alegre en la tristeza: «Estos días azules y este sol de la infancia».

Como aquel día en Collioure, un poeta frente al mar, que se hizo signo, símbolo, testigo y presencia de esta misma plenitud.

ESTO SOÑÉ

Que el caminante es suma del camino,
y en el jardín, junto del mar sereno,
le acompaña el aroma montesino,
ardor de seco henil en campo ameno;
que de luenga jornada peregrino
ponía al corazón un duro freno,
para aguardar el verso adamantino
que maduraba el alma en su hondo seno.
Esto soñé. Y del tiempo, el homicida,
que nos lleva a la muerte o fluye en vano,
que era un sueño no más del adanida.
Y un hombre vi que en la desnuda mano
mostraba al mundo el ascua de la vida,
sin cenizas el fuego heraclitano. (PC CLXIV)

*

IV. HACIA UNA TERAPIA AUTOBIOGRÁFICA..

El mundo de los sueños y el de la realidad comparten más afinidades de las que vemos a primera vista, hasta el punto que podemos hablar de un orden implícito y oculto subyacente, el *Unus mundus* de los antiguos o el holograma en el que el Todo está presente en cada una de las partes.

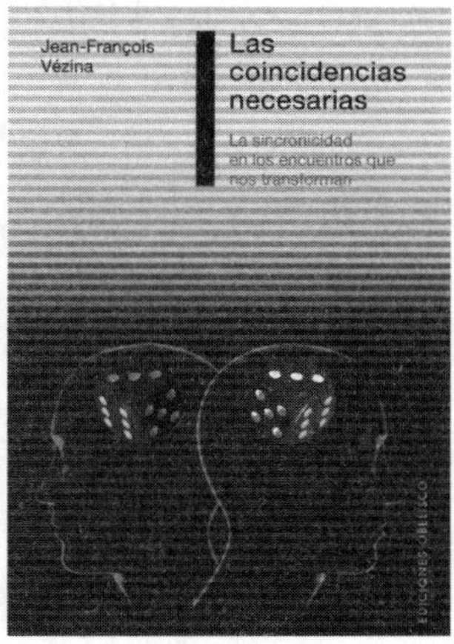

Todos nos hemos encontrado «por causalidad» con personas que han modificado ostensiblemente nuestras vidas. De hecho, la historia está repleta de encuentros altamente significativos que cambian la vida personal y a veces también la de una sociedad entera. Se trata de acontecimientos que nos abren puertas. Pero estos encuentros no se realizan sólo entre individuos, dado que las ideas, los símbolos, los libros e incluso las películas pueden desempeñar un papel fundamental.

Inspirado en el concepto de sincronicidad desarrollado por el psiquiatra suizo C. G. Jung y el premio Nobel de física Wolfgang Pauli, y a la luz de metáforas sacadas de la teoría del caos, este libro proporciona una nueva comprensión de las relaciones y los encuentros transformadores.

No se trata únicamente de un acercamiento teórico a este tema apasionante, Vézina nos enseña también a encontrar sentido a las coincidencias a fin de transitar con paso firme por el laberinto de la vida.

Los orígenes del amor y del odio ha tenido por mucho tiempo una circulación casi clandestina entre los psicoanalistas. Brinda contribuciones apasionantes para la práctica terapéutica, que se funda en el amor del médico por su profundamente necesitado paciente. Al mismo tiempo, preconiza una visión de la naturaleza humana más en consonancia con los descubrimientos de la biología moderna, una visión más optimista que la de la psicología tradicional freudiana. El libro, de hecho, contiene una de las primeras críticas contra la teoría dual del psicoanálisis: Eros y Tánatos.

Suttie ha pasado a la posteridad como uno de los primeros psicoanalistas que achacaron el odio a la falta de amor de la madre y en considerar a Cristo como modelo ideal para la psicoterapia.

La Grafología constituye hoy en día un método serio, lúcido y lleno de posibilidades para el abordaje y aproximación al universo anímico y conductual de las personas a través del estudio y análisis de su escritura manuscrita, y en general, de cualquiera de sus producciones gráficas –firma, dibujos...– *Grafología Psicológica* es un libro destinado a acompañar desde un principio al lector interesado en esta técnica científica por los fundamentos en que se basa la interpretación grafológica, una aproximación clara y estimulante a través del discurso gestual y simbólico que

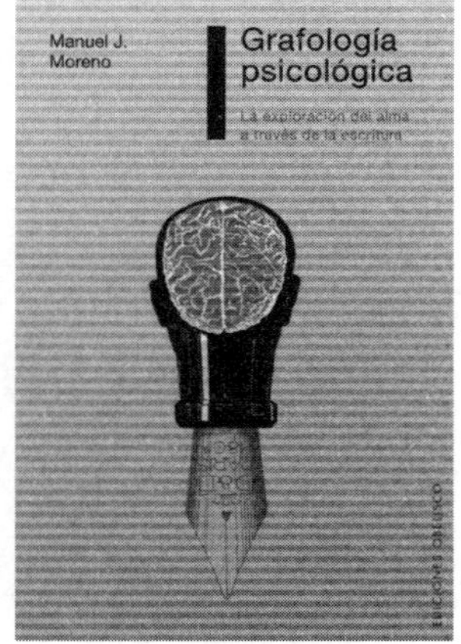

involuntariamente –inconscientemente– escenificamos al escribir.

Adentrarse en el sorprendente mundo de la ciencia grafológica, constituye una aventura de la que nadie sale con las manos vacías. Un tesoro de representaciones simbólicas alusivas a los pilares actitudinales del escribiente, así como manifestaciones variopintas de los entresijos más insospechados de su personalidad, nos mostrarán a cada paso que lo que somos, que todo aquello que nos caracteriza y define, emerge una y otra vez de manera franca y directa en nuestros gestos y expresiones no verbales.

La Grafología actual, es una técnica capaz de ir más allá de los mecanismos de enmascaramiento con que revestimos nuestra personalidad, nuestra persona –la máscara del actor– y posibilita un diálogo fructífero con las estructuras inconscientes que soportan nuestros valores y actitudes fundamentales en el siempre cambiante pero representativo escenario de nuestra circunstancia vital.